网络科技期刊
核心竞争力培育

刘　爽／著

知识产权出版社
全国百佳图书出版单位

图书在版编目（CIP）数据

网络科技期刊核心竞争力培育／刘爽著．—北京：知识产权出版社，2018.12

ISBN 978-7-5130-5925-1

Ⅰ.①网…　Ⅱ.①刘…　Ⅲ.①科技期刊—核心竞争力—研究—中国　Ⅳ.①G237.5

中国版本图书馆 CIP 数据核字（2018）第 272054 号

责任编辑：刘　睿　刘　江　　　　　责任校对：王　岩
封面设计：张国仓　　　　　　　　　责任印制：刘译文

网络科技期刊核心竞争力培育
Wangluo Keji Qikan Hexin Jingzhengli Peiyu
刘　爽　著

出版发行：	知识产权出版社 有限责任公司	网　　址：	http://www.ipph.cn
社　　址：	北京市海淀区气象路 50 号院	邮　　编：	100081
责编电话：	010-82000860 转 8344	责编邮箱：	liujiang@cnipr.com
发行电话：	010-82000860 转 8101/8102	发行传真：	010-82000893/82005070/82000270
印　　刷：	北京嘉恒彩色印刷有限责任公司	经　　销：	各大网上书店、新华书店及相关专业书店
开　　本：	720mm×960mm　1/16	印　　张：	12.5
版　　次：	2018 年 12 月第 1 版	印　　次：	2018 年 12 月第 1 次印刷
字　　数：	176 千字	定　　价：	48.00 元

ISBN 978-7-5130-5925-1

序

  《网络科技期刊核心竞争力培育》是作者克服工作和学业上的重重困难，总结十几年来的工作经验和研究成果，综合行业专家的意见编写完成的。

  作者在网络科技期刊运营和管理方面工作多年，有丰富的出版和管理工作经验。"中国科技论文在线"是经教育部批准，由教育部科技发展中心创办的、针对"论文发表困难，学术交流渠道窄，不利于研究成果快速、高效地转化为现实生产力"而创建的科技论文网站，于2003年10月15日正式上线，目的是给科研人员提供一个方便快捷的学术交流平台、及时有效的成果发表渠道，从而使新成果、新观点得到及时推广，科研创新思想得到及时交流。作为最早参与该项目的专家之一，作者参与了项目论证、规划设计和运营管理，见证了该项目从纸质期刊、电子期刊、网络期刊的每一步突破，经历了网站从上线、数次改版升级直到成熟的全过程，至今已近15年。目前，"中国科技论文在线"已成为传播创新思想、共享研究成果、优化科研环境、净化学术风气的重要平台，被国内大部分高校所接受，被高校教师等科研人员所认同。整个项目凝聚着教育系统大批专家学者的心血和汗水，饱含着所有领导、员工的智慧和贡献，作者是其中代表之一。

  作者在科技论文网络发表方面坚持长期的研究，有深厚的学术积累。为进一步研究网络环境下的科技论文发表交流方式，更好地规范、促进"中国科技论文在线"的发展，在教育部科技发展中心的领导和支持下，自2007年开始，刘爽参与组织一年一次的"网络时代科技论文快速共享"专项课题研究。专项研究汇聚了国内各领域的专家，在不同层面、不同侧面进行攻关，提交了大量专业的研究成果，提出很多建设性的意见，做出了重要的贡献。包括开放存取对学术交流系统、科研管理和评价体系的作用与影响；科技论文网络发表的国内外现状、平台的组织与管理技术、图书馆数字资源建设；网络发表论文的专家评审模式、质量控制与评价、影响力判定标准；科技论文网络共享的版权保护、长期保存机制和技术、新媒体技术时代的共享服务创新；科技期刊数字化与网络化服务、网络出版模式、共享标准等多个方面。本书在此基础上，结合近年来我国教育科技发展实际，特别是"互联网+"的新形势，提出了新的观点。

本书有以下特点：

选题切合实际。本书深入论述了网络科技期刊的核心竞争力培育问题，满足了我国科技期刊顺利进行数字化转型、快速凝聚核心竞争力、形成国际传播力的实际需求，契合了出版行业对科技期刊品牌化、集团化、国际化的发展选择，对接了实施文化产业"走出去"战略，提高国际影响力和学术话语权等战略目标。因此，本书选题适宜，切合实际。

研究基础丰厚。本书是多项国家自然科学基金资助项目和教育部专项研究项目等课题研究的相关成果。围绕课题研究，作者在中文核心期刊、英文期刊上发表学术论文 6 篇论文，完成博士论文 1 篇，其中的创新性观点连同长期的研究积累汇编成本书，共 6 章，近 20 万字。可以说，本书是经过长期研究和实践、不懈探索和积淀、逐步总结和提升而形成的。

研究内容深入。本书全面分析了科技论文网络发表系统、开放存取模式在我国的发展现状和问题，重点对网络科技期刊的影响力构建、核心竞争力形成机制和演化、核心竞争力评价等问题开展系统研究，进行了深入的专业论述，研究内容深入，有创新。

本书为出版系统、图书馆系统乃至高校行政管理部门对于网络科技期刊的运营和管理提供了有价值的建议，可对科研人员和科研管理部门提供有益的参考。在国家进一步推动"互联网+"行动计划、促进各行业"融合发展"的新形势下，本书具有积极的现实意义，相信会受到专业读者的欢迎。

北京交通大学　张仲义

2018 年 9 月

前　言

　　科技论文作为记录人类科技文明进展的工具，其发表形式经历了若干发展阶段，从早期只在小范围内交流的实验室报告，到如今可全球阅读的论文。然而，因为国内外科技发展不平衡，目前在绝大多数学科中，排名靠前的传统纸质期刊大多被国外各大出版集团所垄断，对我国科学研究非常不利，小则影响科研成果的认可、发表及影响力的形成，大则有损自有知识产权的保留、保护及经济利益的产生。幸运的是，随着新信息技术尤其是网络技术的飞速发展，科技论文的发表模式也发生了翻天覆地的变化。借助互联网的即时、开放、透明、免费等特点，研究人员可在不受传统期刊的"价格"与"许可"等约束条件下，快速发表科研成果，共享学术思想。目前，网络发表模式已受到学术界的广泛关注，包括各出版单位、高校及科研机构。如何提高全新网络发表模式下科技期刊的核心竞争力，更好地为学术机构和科研人员提供服务等课题已成为研究热点。

　　目前我国网络科技期刊核心竞争力研究仍处于探索阶段，相关的基础理论模型与评价方法远未成熟，研究亟待深入。本书针对网络科技期刊核心竞争力培育问题展开论述，从网络开放存取共享平台入手，重点研究网络科技期刊核心竞争力形成机制、演化和评价。就网络开放存取共享平台的基础问题，依托全国部属高校主流研究群体的一手数据，利用大数据调研分析开放存取模式在中国的发展思路，进而为平台构建提供符合我国国情的发展建议。就网络科技期刊核心竞争力培育的核心问题，重点从系统角度探讨了网络科技期刊的核心竞争力的演变机制、特点、评价指标和方法等核心内容，为后续中国一流网络期刊的建设提供基础支撑。

本书是在张仲义教授指导下，吕永波教授、刘建生老师支持下完成的。本书的出版得到了教育部科技发展中心的全力支持。本书的出版得到了相关科研项目的支持：本书是国家自然科学基金资助项目"基于业务流程再造的科技期刊数字化出版模式研究"（71473030）的重要研究成果，是国家自然科学基金资助项目"大数据驱动的我国网络科技期刊传播力提升机制与策略研究"（71874019）的基础性研究成果；此外，还得到了教育部人文社会科学研究规划基金项目"高校学术期刊发展战略研究"（14YJA630038）课题的支持。在本书编写过程中，吕志军等参与了整体框架设计和全书的修改，武爱、王影琢、刘冰、王亚丽、朱楠、曲凡、刘晓妍、胡硕磊等参与了部分章节的修改。在此，向相关的领导、专家和老师们一并表示诚挚的谢意。

希望本书能够推进我国网络科技期刊核心竞争力培育相关理论与实践的进展，为加速我国网络科技期刊的发展、全面提升网络科技期刊核心竞争力做出自己的贡献。当然，本书的观点仅为作者工作实践和学术研究的总结，不足之处在所难免，敬请同行专家批评指正。

目　　录

1

绪　　论

1.1 科技论文网络发表

科技发展一直是推动人类不断进步的最核心因素。从最初的古希腊文明开始,记录与传播是人类科学结晶得以推广和传承的根本手段,从早期的实验报告,到 17 世纪中叶的世界上第一本纸质科技期刊《哲学汇刊》(*Philosophical Transactions of the Royal Society*),无不是记录与传播的发展。

自 20 世纪开始,通信技术的发展使得电子化覆盖到各个领域,科技论文发表也随之出现电子化的趋势。电子化期刊这一模式克服了纸质期刊邮递阶段耗时、存储不便等不足,而随着互联网技术的高速发展,科技论文网络发表这一新模式孕育而生。科技论文网络发表模式大大缩减了科技论文的出版周期,消除了出版物所受空间、语种等限制,最大限度将科技信息及时广泛地传播到全球每一个角落。网络发表又因其信息展示方式的多样性和极其便捷的信息检索等特点深受广大科研工作者推崇。在短短几十年时间,国内外各种相关在线平台层出不穷,如今网络发表已成为科技信息交流不可或缺的模式之一,极大地拓宽了科技知识的传播范围,加深了传播程度,间接地促进了社会文化发展与经济建设。与传统纸质期刊发表相比,网络期刊上的论文发表传播效率更加高效、表现形式更加多元,且具有获取方便、费用低廉、便于搜索与比较等一系列优点。

然而,随着信息技术的飞速发展,科技论文网络发表平台构建的经济与技术成本越来越低。同时很多大型网站也提供主页、博客、微博客等种类多样、类型丰富的免费网络平台,使得现实中,在不违反相关法律法规的情况下,个人可以公开任何自己愿意公开的内容。虽然完整的科技论文具有严谨、严肃、客观等一系列特性，也不可避免地受到网络平台的内容泛滥、质量低劣等因素的影响。尽管网络监管能力在预防科技论文的抄袭上具有较好的表现，但是对科技论文内容正确性、客观性等指标难以进行自动判别。因此，影响力广、可信度高的科技论文网络发表平台的构建非常关键。作者一直从事"中国科技论文在线"的平台构建、内容发布及精品期刊等栏目的组织工作，面向全国高校科研人员，在教育部、科技部等多部委的联合支持下，将我国原创的科研成果第一时间共享、发表。作者在多年的工作中，接触了众多一线科研人员，深刻了解他们在论文发表过程中因为语言、国别及文化等差异而受到的不公正待遇，有的甚至被大量地抄袭。因此，一方面为了扩大我国的科研成果影响力，增加在各学科的发言权；另一方面为了借助信息技术所带来的深刻变革，让我国科技期刊在网络出版平台上获得新的机遇，作者对相关课题研究成果进行了系统总结。

1.2 网络科技期刊

从 20 世纪至今，计算机网络技术迅猛发展，整个网络系统已将全球紧密联系在一起。与此同时，以电子期刊为基础的网络期刊亦随之产生。网络电子期刊依托网络进行数据的传输交流，能不受语言和地域的限制进行最广泛的传播。如今，网络期刊已逐渐成为数字出版业务中最重要的、主流的业务类型。

目前学术界对于"网络科技期刊"的概念还没有一个完整的定论。根据现行的网络科技期刊传播状况综合归纳，总结众多专家学者的定义，"网络科技期刊"包含两层含义：一是将传统印刷版科技期刊数字化。这种类型的网络科技期刊在出版发行上往往滞后于印刷版期刊，而且有的网络期刊只提供文本期刊目录索引或者文章摘要。二是纯网络科技期刊。这种类型的网络科技期刊没有印刷版与之对应，从组稿、审读、制作、出版到发行都是通过计算机网络进行的。❶

　　笔者认为，具备以下三个条件的，即可归入本书的网络科技期刊之列：

　　（1）科技期刊是以网络为载体；

　　（2）具有科技期刊的基本特征，属于正式出版物；

　　（3）引入专家评审或同行评议（Peer-reviewed）机制。

　　因此，本书所说的"网络科技期刊"，主要是指以学术研究或相关学术内容为主，通过网络进行传播、发行，有专家评审或同行评议把关，并且保持连续出版的网络出版物。

1.3　内容体系结构及内在联系

　　本书在综述科技论文网络发表系统基础上，重点对符合中国国情的开放存取系统建设、互联网条件下的科技期刊核心竞争力形成、演化及评价等问题开展深入研究，确保科技论文网络发表的正确性与客观性，真正起到正面积极传播的作用。

　　本书包含 7 个方面主要内容，其体系结构及内在联系如图 1-1 所示。

　　第 1 章绪论概述科技论文网络发表的情况、网络科技期刊的概念，简要介绍本书的主要内容的体系结构及内在联系。本章是全书背景的介绍、概念的界定、内容的综述。

---

❶ 鄢睿. 网络学术期刊传播模式研究［D］. 武汉：武汉理工大学，2007.

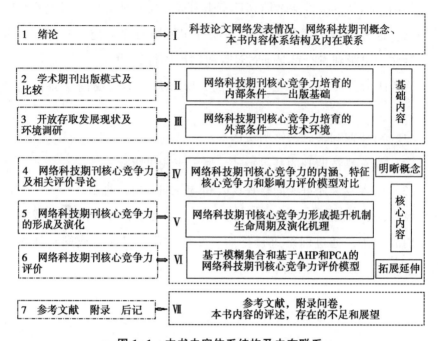

图1-1 本书内容体系结构及内在联系

Fig. 1-1 The Framework and Internal Relationship of This Book

第2章对学术期刊的不同出版模式进行比较。描述不同学术期刊出版模式的演变，结合每种出版模式中的典型案例对出版流程进行详细描述，概述其共性与区别，总结不同发表模式下的优势与不足。在此基础上，综述传统期刊影响力和核心竞争力评价、质量控制标准、质量控制体系组成等。本章把本书的论述对象从科技期刊扩展到学术期刊，对学术期刊的不同出版模式进行对比。本章是网络科技期刊核心竞争力培育的出版基础论述，是内部条件的说明，是全书的基础性内容之一。

第3章对我国开放存取发展现状和高校环境进行调研。分析网络条件下我国高校的开放存取模式发展现状，深入分析开放存取在我国主流科研人员中的发展潜力。考虑到开放存取发表是今后论文发表的主流和趋势，而我国开放存取模式的论文发表尚未发展成熟，本着求真务实的原则，选取优质部属高校科研资源，针对开放存取特点设计调研问卷，依托教育部科技论文在线，通过真实大数据分析我国开放存取基础环境，开展统计分析，研究我国高校开放存取环境及主流科研人员开放存取发表态度，根据调研结果，探讨开放存取在我国的发展趋势及符合我国国情的实施办法，对我国开放存取实施对策提出建议。本章把本书论述的内容从科技期刊核心竞争力扩展到外围，对开放存取模式和高校环境的论述有助于强化新时代科技期刊的网络化特征。本章是网络科技期刊核心竞争力培育的技术环境论述，是外部条件的说明，也是全书的基础性内容。

第4章概述网络科技期刊核心竞争力及相关评价。考虑到网络科技期刊在发表模式、组织模式上的特点，从概念定义、内涵外延、系统构成等角度对期刊的"核心竞争力"与"影响力"两个评价标准开展深入探讨，分析网络期刊的两大评价标准异同点。通过对比前人相关研究的出发点、核心目的等结果，作者认为，虽然"核心竞争力"与"影响力"都是为了提高期刊质量、提升期刊服务水平，但是它们还是在外延与内涵、特征指标、研究出发点与目的等方面存在差别，指出"核心竞争力"更适合网络这一强生态系统环境，并提出网络期刊组织结构、系统动力学等多因素的影响力分析模型。本章为本书后面的论述明晰概念，奠定基础。

第5章对网络科技期刊核心竞争力的形成提升机制及演化机理进行论述。从核心竞争力的基本概念出发，深入研究其内在与外在的动力，探讨竞争力提升的方法与途径。提出基于系统分析理论的网络科技期刊核心竞争力形成、提升机制及演化机理。系统描述网络期刊核心竞争力演化的内部及外部动力因素，探讨提升其核心竞争力的5种途径，并由此研究竞争力的周期性变化特点。作者发现不同阶段竞争力表现不同，需要准确不断地审视影响其发展的各种外部诱导因素和内部动力因素，保持核心竞争力与培育增长点，进而提出网络期刊持续保持核心竞争力与培育增长点的方法。本章是第4章内容的系统和深化，作为全书的核心内容，为第 6 章内容提供理论依据。

第 6 章对基于模糊集合及 PCA 模型的网络科技期刊核心竞争力评价进行论述。首先围绕内部动力机制提取指标体系和指标值，分析各项质量控制指标的影响力及其在网络科技期刊中的应用思路。构建基于模糊矩阵与 PCA 算法的网络期刊核心竞争力的评价模型，分别将层次分析法与模糊综合评价模型和主成分分析法相结合，提出多因素联合评价模型。在多个实际网络期刊数据上的实证结果表明：所提模型符合实际情形，求解简便，有利于帮助读者评价网络科技期刊的核心竞争力。本章旨在促进网络科技期刊核心竞争力评价理论的发展，是第 5 章内容的延伸和拓展。

1.4　本章小结

本章概述了科技论文网络发表的情况、网络科技期刊的概念，简要介绍本书的主要内容、体系结构及内在联系。

2

学术期刊出版模式及比较

学术期刊在发展中演变出不同的出版模式，这些出版模式的演变主要围绕加快出版周期、扩大信息传播范围等目的进行。在这些模式的发展中涌现出一大批优秀的学术论文发表系统，它们充当了科技信息在全球传播的桥梁，为人类的科技进步做出了重大贡献。

随着文明的进步、人类对信息获取方式的追求及科学技术的发展，学术期刊出版模式大致经历了传统纸质期刊、电子期刊及网络期刊出版模式三个阶段，现在受到开放存取模式的严峻挑战。本章详细论述不同模式下学术期刊的运营过程，比较不同学术期刊出版模式的差别，进而分析各自的优缺点。

2.1　纸质期刊出版模式

2.1.1　纸质期刊的形成

在科技期刊还较少的时代，科研人员的信息交流方式主要以实验报告为主，通常只是实验室范围内几个人的相互交流，受地域和时间的限制，信息的传播存在极大的阻碍。之后，随着通信技术的发展，人们开始借助信函等科技情报的方式进行交流，这在一定程度上克服了地域的限制，但仍存在极大的延时，十分不便。为了让信函流传更广，收信人有时将信函复制出来供人们阅读，这些信函累积起来便形成了期刊的雏形。

观察漫长的人类文明进化史，实验报告和科技书籍在很长的一段时间里都是科技传播的唯一方式。随着科技的发展，马车、铁路、轮船出现，人类社会之间的联系越来越紧密。科研工作者们不再满足于有限的传播范围、实验报告和科技书籍这类信息传播方式，古代中国发明的印刷术在西方的传播使得印刷刊物成为信息传播的最便捷方式。

1665 年，英国皇家学会在伦敦创办《哲学汇刊》。❶ 这份期刊与法国的《学者周刊》一起被世界各国的专家学者公认为学术期刊的鼻祖。从此之后，无数形形色色的印刷纸质期刊不断涌现和发展，如《自然》（*Nature* 期刊，由英国自然出版集团发行）、《科学》（*Science* 期刊，由美国科学促进会发行）、《细胞》（*Cell* 期刊，由美国爱思维尔[Elsevier] 出版公司发行）等期刊成为全球权威的、流通性广泛的学术性期刊。我国的学术期刊在 19 世纪末萌芽，20 世纪初诞生，伴随着中国现代科学技术事业的产生和发展，并形成其最初体系，❷ 著名的学术期刊有《中国社会科学》《心理学报》《计算机学报》《计算数学》《中国科学》及各高校组织出版的各种刊物。以这些期刊为载体，学术知识也源源不断地向世界各地传播，极大地推动了学术交流的开展。17～21 世纪这几百年的历史里，传统纸质期刊因为其文章内容分类专业、质量可靠、审核正规、获取方便、易于传播等多个特点，一直是广大读者阅读、了解和研究学术论文的最重要途径。

在传统纸质期刊的出版模式下，学术论文的作者或其机构把研发成果汇总成文并转让给出版机构，同时支付一定额度的版面费用。而出版机构则要对其进行适当的审核、编辑、校正，并最终将这些论文汇总合并为期刊，之后印刷出版并出售给需要的科研工作者、学校和各地的图书馆。在这样的出版模式里，科技工作者、出版商、图书馆形成一个稳定的三角结构，在这样的结构里，传统期刊出版模式得以正常运营，三者缺一不可。

2.1.2 典型纸质期刊及其出版流程

纸质期刊有着传播范围广、阅读携带方便、权威性高等特点，搭载

---

❶ 牛根义，杜明. 开放存取的兴起与发展 [J]. 河南图书馆学刊，2008 (6)：15-17.

❷ 李斌，刘加平，白茂瑞. 我国科技期刊的历史发展、社会功能及其评价 [J]. 西安建筑科技大学学报（自然科学版），2003 (2)：131-135.

信息的能力优于在其之前的各种信息流通方式。自 1665 年世界上第一份学术期刊《哲学汇刊》在伦敦发行以来，传统纸质期刊一直是无可争议的学术传播最主要渠道。在这漫长的 300 多年岁月里，海量的期刊种类层出不穷，刊登发表的论文篇数更是不计其数。各个时期最具权威性的期刊都聘用着相应领域最资深的专家作为论文审核评委，以确保每期刊物每篇文章的正确性和适用性。国外著名的期刊，以《自然》《科学》《细胞》等期刊为代表，国内著名的期刊，如《中国科学》系列期刊为代表，它们都是基础理论研究领域里权威性较强的学术刊物，影响广泛。

考虑到《自然》《科学通报》两种期刊在稿件评审、发表及后期推广等各个阶段都运作得非常成功，形成多个期刊构成的期刊群。各期刊不仅在专属领域具有标杆性学术影响力，而且在商业推广上也取得巨大的成功，下面以《自然》与《科学通报》两个期刊为例，详细介绍其影响及稿件的发表流程。

1. 国际《自然》系列期刊出版流程

《自然》❶期刊由英国自然出版集团（Nature Publishing Group，NPG）出版发行，是世界上历史悠久的、最具名望的科技期刊之一。该期刊首版于 1869 年 11 月 4 日发布，每周发行一期，至今仍是科学领域最具影响力的媒介，在科学研究领域占有极其重要的位置。在多年的期刊发展过程中，《自然》还衍生出诸如《自然-生物技术》（*Nature Bio-technology*）、《自然-化学》（*Nature Chemistry*）、《自然-医学》（*Nature Medicine*）、《自然-材料》（*Nature Materials*）、《自然-光子学》（*Nature Photonics*）等 20 种子刊物，涉及自然科学的多个方向大类，涵盖内容丰富广泛。

《自然》期刊每年发文数量波动较大，2006 年发文仅 8 578 篇，相

---

❶ 陈子毅，杨霰霜，张宏翔. Nature 出版模式［J］. 图书情报工作，2006（3）：75-80；李彦，王秀峰.《Nature》出版集团简介［J］. 中国科技期刊研究，2003（2）：231-232.

对较少，之后逐渐上涨，2014 年达 17 131 篇。图 2-1 展示了 1999 ~ 2014 年《自然》期刊每年的载文量。

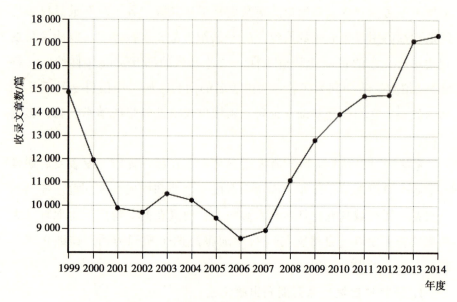

图 2-1 《自然》收录的文章数量变化

Fig. 2-1 The number change of published articles in *Nature*

《自然》期刊在全球有着权威的学术地位，刊登过许多影响人类科技历史发展的重要成果，如同位素的发现（1913 年）、DNA 双螺旋结构（1953 年）、逆转录酶（1970 年）、克隆羊多利（1997 年）等，其中一些著名科研成果甚至被授予诺贝尔奖。❶

根据期刊影响因子显示（见图 2-2），《自然》期刊近年来的影响因子一直高于 35，2013 年甚至高达 42.351，2014 年略有下降也仍高达 41.456。这充分说明《自然》期刊在世界范围的权威性。

---

❶ 吴志祥，苏新宁. 国际顶级学术期刊《Nature》的发展轨迹及启示 [J]. 图书与情报，2015（1）：27-37.

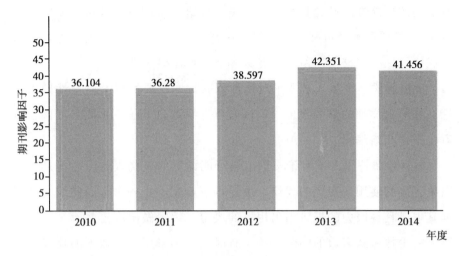

图 2-2 《自然》期刊 2010~2014 年影响因子示意

Fig. 2-2 **The impact factor diagram of *Nature* in 2010—2014**

《自然》在创刊号中介绍了其办刊宗旨和报道范围：把科学研究得到的重大发现和结论呈现给广大公众，促使科学的要求和主张在教育和民众生活中得到普遍的认可，以及通过迅速地传播自然科学各领域所取得的进展来促进科学研究，为从事科研的人们提供探讨不断出现的各种科学问题的园地。

在仅有纸质期刊的时代，《自然》期刊还未出版电子版。纸质版面使期刊所发表文章的篇幅受到很大限制，因此，《自然》期刊对所发表的文章都会进行严格把关，不仅要求内容具有新颖性，还需要文字表达简明扼要，字句都需要经过反复推敲。

投稿阶段，若作者知道自己所要发表文章所属领域的编辑，则只需将稿件直接寄给该编辑，若作者自己无法判断，则可将稿件寄给《自然》期刊编辑部。《自然》期刊的总部在英国伦敦，但在美国华盛顿以及日本东京等地也设有办公室，若作者在北美地区，则可直接将稿件寄给华盛顿办公室。编辑部收到稿件后，会给作者寄一张卡片，表明收到稿件。若编辑认为稿件不合适，则会很快寄还给作者；若编辑认为稿件有录用的可能性，则会将其寄给审稿人做进一步的专家评审。稿件一般由 2~3 名评审专家审阅，为了保证保密性，《自然》会提前与评审专家达成协议，不允许复印留存，专家评审一般需要 3 周。

审稿阶段，审稿人被要求对稿件创新性、重要性以及科学性做出评论，并写出详细的审稿报告。审稿人可选择匿名审稿或不匿名审稿，将审稿报告交给编辑。

编辑希望评审专家对论文给出尽可能详尽的审稿报告，而不是一个简单直接的使用或拒绝的建议。由于审稿专家不止一个，因此编辑会根据其中最具说服力的报告做出用稿的决定。编辑做出决定并不是一个投票之后少数服从多数的问题，甚至有时候并不采用大多数人的建议。本着对读者以及所有科技工作者负责的态度，《自然》的编辑致力于将每一位评审专家和作者意见中的优点提取出来，除此以外，还将考虑更多与稿件有关的客观因素。

编辑在汇总各个审稿专家的反馈后提出自己的建议，包括如下几种可能：

（1）接收稿件，可能需要或不需要做编辑修改。

（2）将稿件寄回作者，要求其修改稿件或对其中某些问题进行思考改进，修改之后再寄回编辑部做是否录用的决定。

（3）拒绝稿件，但会将作者还需做的进一步工作意见以及审稿报告一并寄回，并邀请其再修改之后重新投稿。该回复类似于要求进行大修改。

（4）完全拒绝。若稿件缺乏创新性、论述错误或者出现重大的技术问题，编辑将直接做退稿处理。

若编辑做出寄回稿件让作者修改的决定，该编辑会综合考虑评审专家和作者的观点，并在其中做出相应的协调，将不同评审专家的意见相互交换，还将作者的观点及时反馈给评审专家。所以，《自然》期刊会要求评审专家在稿件修改的过程中始终保持联系，而不是提交评审报告之后就结束。

无论经过修改与否，编辑都要负责做出最终是否接收稿件的决定。若稿件被采用，《自然》期刊会正式通知作者，作者需要与期刊签订一份合约，表明稿件的首发性。在《自然》上发表论文一般无稿酬，一份稿件从投稿到正式发表一般需要 4~7 个月。整个审核流程见图 2-3。

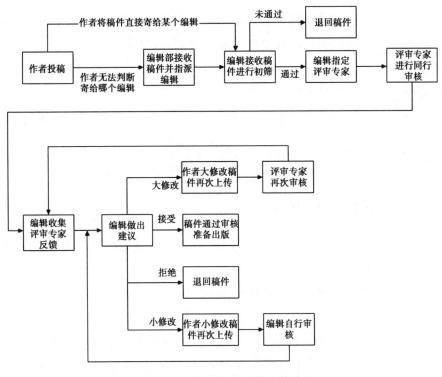

图 2-3　《自然》期刊的审核流程

Fig. 2-3　The audit process of *Nature*

2. 国内《科学通报》期刊出版流程

《科学通报》❶（*Chinese Science Bulletin*）中文版创刊于 1950 年，是《中国科学》杂志社出版的自然科学类综合性学术刊物，为自然科学各

---

❶ 《科学通报》投稿指南［J］. 科学通报，2015（1）：109-113.

学科基础理论和应用研究的最新研究动态及研究趋势提供快速报道，在学术领域具有广泛影响。根据 2014 年发布的数据，其影响因子为 1.337，总引频次为 8 524。

《科学通报》的审核过程如下：

（1）作者在线提交稿件，并自行推荐 3~5 位该领域的国内外专家作为评审人，同时也可提出要求回避的审稿人，以备稿件送审时参考。

（2）每篇稿件先由编辑和编委会初筛，初筛标准包括：文章是否能引起读者的广泛兴趣，科研成果是否新颖，是否具有广泛的意义，专业性太强、读者面窄的稿件不适合《科学通报》等。若稿件未通过初筛，作者会在 7 天内收到通知。

（3）通过初筛的稿件将由编委会组织 2~3 位甚至更多的同行专家进行同行审核。编委会收集审核反馈并做出录用与否的决定，审核和收集反馈的过程大概持续 1 个月，之后编辑部将结果通知稿件作者。

2.1.3　纸质期刊优缺点

在漫长的期刊发展历史上，传统纸质期刊一直占有主导地位。纸质期刊具有如下几个优点。

1. 人类根深蒂固的纸质阅读传统

自印刷术和造纸技术发明以来，人类一直习惯于在印刷刊物上阅读文字，形成根深蒂固的阅读习惯。即使在电子化产品不断更新换代的现代，很多人仍不太习惯于电子屏幕上的阅读而追求纯纸质阅读环境。

2. 携带方便，便于阅读

纸质期刊体积小，携带方便，阅读时无须借助任何网络和通信设备，只要带上一本纸质期刊，科研人员就可以在任意的明亮场合里进行阅读研究。而网络期刊则会受到媒体介质的具体限制，给科研人员造成不便。

3. 审核严格，权威性高

纸质期刊因其版面有限的原因，通常具有严格的审核流程和专业的编辑团队来控制期刊内容的质量水平。纸质期刊的质量评价标准和质量控制流程经过长期的发展，已经形成相对成熟的体系，能够较好地保证期刊的质量，这种高质量更能得到读者的信任，具有较高的权威性。

4. 具有较高收藏价值，储存安全

纸质期刊作为实体物品，在某些意义上极具收藏价值。同时作为实体进行大量储存，比硬盘等电子储存介质更具安全性。另外，纸质物品具有的稳定性能够使其保存的时间较长，不易被损坏。

传统纸质期刊因其自身的纸质刊印属性，也具有如下几个不足之处。

1. 出版周期长，更新效率低

传统纸质期刊通常以周刊、月刊、季刊、年刊的形式出版，学术论文要经过长时间的纸质邮递，进行漫长的人工审核和排版校对，然后再等待印刷，经邮寄到达订阅的科研人员手中，其间耗时较长。在知识更新速度不断加快的 21 世纪，这样的传递效率已逐渐不能满足广大科研人员的需求。

2. 内容有限，表现形式也不丰富

纸质期刊毕竟纸张页数有限，只能刊印为数不多的数篇文章，同时文章的内容也只能限制于平面文字和简易的图片类型，无法满足读者对视频、音频等多媒体内容的需求。

3. 内容查找困难，也不宜长时间大量保存

纸质期刊没有便捷的索引查找方式，在囤积大量期刊后想要找寻某一具体内容十分困难。同时，长年累月地保存大量学术期刊要求图书馆和科研机构付出大量的人力、物力，也不方便去查阅过往的文章内容。

4. 文章的版权归属于出版商，价格受其控制

出版商买断学术论文的版权后刊印出版，并直接制定每期刊物的价格。该模式下学术期刊市场可能会产生巨头垄断，从而获取暴利。

另外，传统纸质期刊还有资源共享性差、耗费纸张等缺点，科研人员急需更高效、更便捷的期刊出版模式来代替传统纸质期刊出版模式。

2.1.4 纸质期刊评价和核心竞争力研究综述

期刊评价研究最早起源于欧美国家，研究人员从文献计量学角度提出理论，进行实践。其中，影响力较大的有美国科学信息研究所龙金·加菲尔德提出的 SCI、SSCI 以及 JCR 分区理论、普莱斯指数等。SCI 及 SSCI 是一个期刊文献收录数据库，对入选期刊有严格要求，包括格式、他引次数、期刊影响力等。一旦被选入，则表明该期刊或文章具有一定的质量保证。但是，很多评价期刊的因素会因为国家、学科的不同而不同，单一标准不能很好地反映科研产出率与学术影响力在各个学科上的差异，因此，美国科学信息研究所每年还发布 JCR 分区的期刊排名，重点依据总被引次数、影响因子、发文总数、平均单篇文章引用数等指标。

考虑到影响因子在建模与学科差别表达上具有一定的缺陷，美国科学家提出新的期刊评价标准框架，路易斯·阿马拉尔（Luis Amaral）❶课题组使用"特征速度"评价模型，削弱高评价论文对期刊排名的影响。意大利研究人员多纳泰拉·乌戈利尼（Donatella Ugolini）等❷也根据科学信息研究所（Institute for scientific Information）数据库中意大利国家的期刊表现进行排名。安东尼诺（Antonio）等❸对西班牙期刊进行了研究，对其进行评价。沃尔夫冈·格伦策尔（Wolfgan Glanzel）等❹也对传统的期刊评价标准进行深入研究，提出影响因子在期刊评价中的核心

---

❶ 科学网 . 科学家提出期刊评价新标准［J］. 广西科学，2008（2）：104-104.

❷ Ugolini D，Casilli C. The visibility of Italian journals［J］. Scientometrics，2003，56（3）：345-355.

❸ Antonio Fernández-Cano A，ángel B. Multivariate evaluation of Spanish educational research journals［J］. Scientometrics，2002，55（1）：87.

❹ Glänzel W，Moed H. Journal impact measures in bibliometric research［J］. Scientometrics，2002，53（2）：171-193.

意义。托马斯·E. 尼桑格（Tomas E. Nisonger）❶ 主要研究了编委组成与引用评价之间的关系，以及期刊评价的标准。

我国的期刊评价研究始于 1989 年，之后呈现爆发式增长。黄国彬、潘云涛等❷指出期刊评价研究方向较为分散，包括从理论研究、公共评价等方面开展。吴照云、刘景慧、古四毛、张伯海等❸从资源角度对其进行研究，认为期刊所拥有的各种读者、作者、评审专家等有形资源及品牌、理念等无形资源是构成竞争力的重点。伏春兰、姜明生、张西山以及于华东❹从经济角度，重点探讨核心竞争力中的创新、市场等因素。另外，张音、周金龙、雷声远、周杰、张琦、周祖德等❺的研究更加注重核心竞争力中的竞争、功能等因素，给出他们各自的观点。最后，金华宝与赵茜❻分别在 2009 年与 2011 年就此问题进行详细的综述。考虑到影响因子在学科上的差异，张玢等❼研究了具体的影响因子分布情况，

---

❶ Nisonger T. The relationship between international editorial board composition and citation measures in political science, business, and genetics journals [J]. Scientometrics, 2002, 54 (2): 257-268.

❷ 黄国彬，孟连生. 1989~2005 年中国期刊评价发展述评 [J]. 数字图书馆论坛, 2007 (3): 13-24; 潘云涛. 中国科技期刊评价研究 [J]. 数字图书馆论坛, 2007 (3): 42-46.

❸ 吴照云. 关于中国学术期刊核心竞争力的思考 [J]. 西南农业大学学报（社会科学版），2006 (4): 216-218; 刘景慧. 论中国期刊核心竞争力的建构 [J]. 怀化学院学报（社会科学），2003 (6): 134-137; 古四毛. 教育期刊核心竞争力构建要点 [J]. 中国出版, 2008 (2): 38-39; 张伯海. 期刊的核心竞争力 [N]. 光明日报, 2004-12-23.

❹ 伏春兰. 人文社科期刊核心竞争力解读 [J]. 吉林省经济管理干部学院学报, 2008 (6): 73-76; 姜明生. 提高期刊核心竞争力的几点思考 [J]. 中国出版, 2008 (5): 41-44; 张西山. 学术期刊提升核心竞争力的必然选择 [J]. 编辑之友, 2004 (3): 53-55; 于华东. 略论学术期刊的评比与核心竞争力 [J]. 江西财经大学学报, 2005 (5): 117-120.

❺ 张音，周金龙. 学术期刊核心竞争力概念解析 [J]. 图书情报工作, 2008 (1): 52-55; 雷声远. 论期刊的核心竞争力 [J]. 编辑学刊, 2005 (4): 12-15; 周杰，张琦. 学术期刊发展的不竭动力——提升核心竞争力 [J]. 山东教育学院学报, 2005 (4): 109-111. 周祖德. 学报的核心竞争力与综合竞争力——兼谈进入核心期刊的路径 [J]. 重庆工商大学学报（社会科学版），2008 (4): 144-150.

❻ 金华宝. 学术期刊核心竞争力研究综述 [J]. 探求, 2009 (4): 71-76; 赵茜. 科技期刊核心竞争力研究综述与分析 [J]. 中国出版, 2011 (12): 39-41.

❼ 张玢，杜建，王敏，等. 评价学术影响力的引证分析指标研究综述 [J]. 医学信息学杂志, 2010 (12): 41-46, 88.

指出这一指标用于单个学科的评价较为合理。另外，我国的图书情报部门也对此进行研究，开展了一系列评价活动。❶

金华宝❷系统而全面地对学术期刊核心竞争力进行综述，包括组成定义、内涵、组成等。吴照云❸将期刊核心竞争力看作多要素的综合体，主要包括与期刊组织有关的编辑部、编委、杂志社编辑等，与专家有关的审稿专家团体、与作者有关的作者群，与管理有关的杂志社人力、管理等组织团队，最后为学术期刊的风格、内容和思想等。侯敬、胡建明❹从办刊理念、品牌、选题策划、人才等四个方面对学术期刊核心竞争力进行分析，并将它们对应为"基础层、载体层、内容层及主体层"。赵瑞❺也提出四部分核心竞争力理论，他认为四个核心分别为：读者、内容、团队和竞争机制。这四个核心之间的关系如下：读者决定内容，团队决定期刊的定位、资源配置、战略战术的制定，竞争机制决定着管理人才和经营管理政策的实施。伏春兰❻认为期刊核心竞争力符合二元理论，即：资源和能力。资源是基础与核心，是期刊发展的基石；能力是期刊系统综合性能的体现，决定期刊发展质量。周祖德❼从内容、整理与市场三个方面诠释学术期刊的核心竞争力，提出了学术竞争力、编辑竞争力、出版竞争力三维理论。尽管这三者互相依赖，相辅相成，但

❶ 国内三大学术期刊评价体系与人文社科类刊物 ［J］. 财经政法资讯，2006（3）：65-66.

❷ 金华宝. 学术期刊核心竞争力研究综述 ［J］. 探求，2009（4）：71-76.

❸ 吴照云. 关于中国学术期刊核心竞争力的思考 ［J］. 西南农业大学学报（社会科学版），2006（4）：30-31.

❹ 侯敬，胡建明. 论铁路科技期刊的核心竞争力 ［J］. 编辑学报，2008（6）：531-533.

❺ 赵瑞. 期刊的核心竞争力浅议 ［J］. 新闻传播，2008（8）：59.

❻ 伏春兰. 人文社科期刊核心竞争力解读 ［J］. 吉林省经济管理干部学院学报，2008（6）：73-76.

❼ 周祖德. 学报的核心竞争力与综合竞争力——兼谈进入核心期刊的路径 ［J］. 重庆工商大学学报（社会科学版），2008（4）：144-150.

是他认为学术竞争力最为核心，高于其他两个竞争力。张音等❶将核心竞争力分为基础层、转化层和表现层等三个层次，其中基础层主要为资源，如作者、读者等；转化层是指那些可转化为竞争力的能力，如学术水平、经营能力、服务水平、组织效率等，其特点是以人为本，借助其他层实现；表现层主要指外在表现内容，如品牌效应。俞志华❷通过研究现代期刊出版业，将期刊核心竞争力分为四个因素，分别为：人才资源、运营策略、管理体制、创新理念。谭金蓉❸的观点比较简单，认为学术期刊核心竞争力就是学术交流的能力。

对核心竞争力表现形式的研究，不同的研究得出不同的结果。吴照云❹认为期刊核心竞争力表现为持久性、客观占有性、不可转移与不可复制性。持久性表现在期刊品牌、期刊出版社的信誉等，这些将长久存在，并不随着时间而较多改变。客观占有性是指期刊对读者、作者、评审专家、发行渠道等客观资源的占有。不可转移与不可复制性主要是指期刊无论是在硬件方面的渠道、资源不可转移与复制，还是在软件方面的品牌特色、期刊创新思路、组织策略等都不会轻易被其他期刊复制和模仿。陈景云❺经过研究后认为期刊核心竞争力主要表现为学术权威性、稿件发行质量、服务效率等。赵今明❻等从质量角度对期刊核心竞争力进行研究，认为质量是关键。刘景慧❼等经过深入研究，认为期刊核心

---

❶ 张音，周金龙 . 学术期刊核心竞争力概念解析 [J]. 图书情报工作，2008 (1)：52-55.

❷ 俞志华 . 论精品科技期刊核心竞争力的构成和提升 [J]. 编辑学报，2005 (5)：321-323.

❸ 谭金蓉 . 论培育高校学报的核心竞争力 [J]. 西南民族大学学报（人文社科版），2005 (11)：260-263.

❹ 吴照云 . 关于中国学术期刊核心竞争力的思考 [J]. 西南农业大学学报（社会科学版），2006 (4)：30-31.

❺ 陈景云 . 培育期刊核心竞争力 [J]. 出版发行研究，2005 (6)：68-70.

❻ 赵今明 . 论提升学术性科技期刊核心竞争力 [J]. 安徽农业科学，2006 (12)：2919-2920，2928.

❼ 刘景慧 . 论中国期刊核心竞争力的建构 [J]. 怀化学院学报（社会科学），2003 (6)：134-137.

竞争力表现形式为独特资源、固定资产、扩展能力、整合资源等多方面。

2.2 电子期刊出版模式

2.2.1 电子期刊的形成

随着人类科技文明的不断发展，新的科研成果层出不穷，科研人员的信息共享与学术思想的交流也变得更加重要。而传统期刊由于自身所存在的诸多局限性，越来越不能满足人们交流的需要，不能有效服务于学术信息的交流和传播。随着信息时代的到来，信息电子化的思想深入各个领域，电子期刊的孕育和产生，在一定程度上弥补了纸质期刊传播的时滞性和局限性。

根据内容的存储方式，电子期刊先后经历了光盘电子期刊、联机电子期刊和网络电子期刊三个阶段的发展。[❶]

1. 光盘电子期刊阶段

20 世纪 70 年代，CD-ROM 的出现使电子期刊进入光盘存储的阶段，通过对纸质期刊的扫描或者用键盘的方式输入计算机，将其数字化并存储于光盘上，供用户使用，如阿多尼斯系统（ADONIS）。这一阶段虽然开创了期刊发行的新局面，但仍存在信息滞后的问题。

2. 联机电子期刊阶段

20 世纪 80 年代，随着联机检索数据库的飞速发展，印刷型期刊与联机资料库平行出版，电子期刊依托于大型数据库，并且能提供便捷的

---

❶ 张千楚 . 网络出版的电子期刊质量影响因素及其实证研究［D］. 长春：东北师范大学，2014.

联机检索功能，大大减少了用户用于搜索和查找的时间。由于当时技术的局限性，仍存在检索速度慢和使用成本高的问题。

3. 网络电子期刊阶段

20 世纪 90 年代，由于互联网迅速发展壮大，以网络传递和出版学术论文的"网络电子期刊"出现，它以多媒体的形式呈现，具有更新和传播速度快、检索和浏览方便、界面互动友好等特点，逐渐成为电子期刊发行的主要方式，在这一阶段，才称得上是真正意义上的电子期刊。❶

2.2.2 电子期刊及其出版流程

纸质期刊借着印刷术在全球传播的东风迅速成为科技信息流通的主要媒介，而随着信息电子化技术的兴起，电子期刊传播效率高、展示信息多样化、存储效率高的特点也开始受到各类科研媒体的关注，越来越多的传统期刊集团将自己的业务逐步电子化。如之前提到的《自然》期刊，以及电气和电子工程师协会（Institute of Electrical and Electronics Engineers，IEEE）旗下各类期刊出版物、《科学》《细胞》等各个权威期刊都在发行出版传统纸质版期刊的同时，发行该期刊物的电子版供科研工作者下载阅读。

早期电子期刊是传统纸质期刊到网络期刊的中间过渡形式，出现于数字化技术发展成熟但网络还未普及的阶段。电子期刊与纸质期刊最大的差别是载体不同，电子期刊采用数字化技术，主要载体有光盘、软盘以及计算机硬盘等。相比于传统期刊的出版，电子期刊的出版产业链中多出了数字信息服务商和终端设备提供商，这在出版过程中也是一个很重要的环节。

电子期刊的出版流程与传统期刊的出版流程基本一致，都要经过投

---

❶ 周金娉. 我国网络发表科技论文的学术影响力评价研究［D］. 长春：吉林大学，2010.

稿、审稿、编校排版和出刊这几个环节，只是在每个环节中加入了一些数字化技术。例如，在投稿阶段，不仅可以使用邮寄形式，还可采用电子邮件。在审稿阶段，电子期刊与传统期刊相同，都需要经过初审、专家评审和终审三大阶段，但由于网络通信技术的发展，可以采用网上在线审稿的形式，使编辑与作者的交流更加方便。在编校排版阶段，由于电子期刊不仅有文字和图片的内容，其他多媒体内容的合理性也需要经过推敲。在发行阶段，早期的电子期刊都是纸质版和电子版期刊同步发行的模式。

同样，考虑到 IEEE 系列期刊在信息领域的巨大影响力，以此为例对其平台特点及出版流程做概要介绍。

1. IEEE 系列电子期刊的出版流程

IEEE 由 AIEE（美国电气工程师协会）和 IRE（无线电工程师协会）于 1963 年 1 月 1 日合并而成，是一个权威的国际性的电子技术与信息科学工程师的协会。IEEE 主要关注电气、电子、计算机等工程领域的开发和研究，在太空、计算机、电信、生物医学、电力等方面已经制定了 900 多个行业标准。现有会员人数超过 40 万人，是目前全球最大的非营利性专业技术学会。在中国的北京、上海、浙江、江苏等省市的 40 所高校也分别成立了 IEEE 的学生分会，开展各种相应的活动项目。

IEEE 出版有 70 多种期刊，在几个主要关注的领域发表的文献占全球刊发文献的近 1/3。❶ 该组织将旗下期刊分为 IEEE 学报（IEEE Transaction，月刊或季刊）、IEEE 杂志（IEEE Magazine，月刊、双月刊或季刊）、IEEE 期刊（IEEE Journal，月刊）、IEEE 指南（IEEE Letters，每年出版一期），以此将要刊发的文章按内容标准分门别类。

IEEE 旗下众多期刊影响因子略有不同，以 IEEE 通信类期刊（IEEE

---

❶ 徐玲英. 我国科技期刊可以向 IEEE 学习的办刊策略［J］. 出版发行研究，2015（9）：58-61.

Communications Magazine）为例，该期刊近些年的影响分子一直维持在 2.5~4.5，如图 2-4 所示。

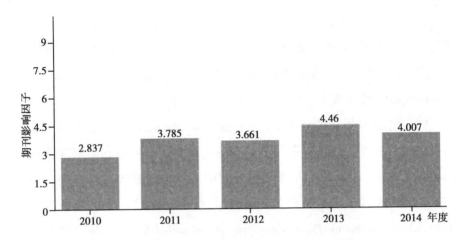

图 2-4　IEEE 通信类期刊 2010~2014 年影响因子示意

Fig. 2-4　The impact factor diagram of IEEE
communication journals in 2010~2014

　　IEEE 在发行旗下各期刊纸质版刊物的同时，在自己的门户网站上提供电子版本刊物。20 世纪 90 年代，IEEE 和 IEE（英国电气工程师学会）合作建立学术文献数据库 IEEE/IET Electronic Library（IEL）。这个学术文献数据库主要提供计算机科学、电机工程学和电子学等领域相关文献的索引、摘要以及全文的下载服务，收录了几乎所有 IEEE 刊行的文献资料。该文献数据库收录的内容包括 170 多种期刊、1 400 多个会议和 5 100 多个技术标准等，共有超过 300 万份文献全文，❶ 并且以每月 2 万份新文献资料的速度在增加。IEEE 提供这些文献资料的下载并收取一定的费用。

---

　　❶　IEEE Xplore Digital Library. http：//ieeexplore. ieee. org/xpl/aboutUs. jsp.

在衍生出电子版的出版模式后，IEEE 集团将稿件提交、审核、修改再提交等过程也逐步放到网络上进行，如今已有一套标准的网络化审稿流程。主要有如下几步。

（1）IEEE 要求作者使用 Scholar One Manuscripts 系统上传稿件，并填写一系列相关选项（如选择投稿的 IEEE 旗下期刊种类、是否要求"双盲"审核等）。之后稿件在不同人物之间的传递也是通过 Scholar One Manuscripts 系统完成的。

（2）在收到提交的稿件后，Scholar One Manuscripts 系统自动按稿件作者意愿将稿件分发给作者所选期刊的编委会。对应期刊的期刊管理员（Journal Adminstrator）会按照所属期刊的基本格式要求对稿件进行一个初审。基本格式要求包括稿件的长度［如 IEEE，模式分析与机器智能汇刊（*Transactions on Pattern Analysis and Machine Intelligence*）要求常规论文的长度限制在每页双列格式 14 页或者每页单列格式 30 页］，稿件是否包含标题页、摘要、关键字、配图、参考文献索引、作者简介和照片等期刊论文的基本元素，配图和表格是否符合出版的格式要求等。若提交的稿件没有完全满足初审的一系列要求，期刊管理员会将其退还给作者，作者需自行修改后再次提交审核。

（3）在稿件通过初审后，期刊管理员会通知主编（Editor – in – Chief）进行下一步流程，主编决定将稿件分配给一位编辑。

（4）编辑在拿到稿件后要仔细研读稿件和作者之前填写的相关资料，之后根据这些信息指定相关领域的 3 位以上评审专家来进行同行评审。同时若认为稿件不符合要求，该编辑也有权直接将稿件连同退稿原因退还给作者。

（5）在完成评审环节评审专家人员的指定后，编辑与这些专家联系并确认他们能在指定时间内完成审核，之后将稿件发送给专家同行进行评审。稿件作者可以事先要求"双盲审核"并提交要求"双盲"的申请原因，在得到批准后审核专家需在不知道作者身份信息的条件下完成审核。

（6）责任编辑在完成所有专家评审意见的收集后可以对稿件提出"接受""拒绝""稿件重新提交"、要求作者对稿件修改并重新审阅（分"大修改"和"小修改"）这些建议中的一个。其中若提出"小修改"建议，则稿件作者需修改稿件后重新上传，编辑本人审阅后再提出是否接收的建议并提交给主编；若提出"大修改"或"稿件重新提交"建议，则作者需修改稿件后重新上传，编辑将其交给评委们（通常就是第一轮的那几个评委）进行第二轮评审。在收集齐评审专家的反馈后由编辑提出是否接收的建议并提交给主编。

（7）主编根据编辑提交的建议和说明，来做出是否接收稿件的最终决定。

（8）在稿件状态处于"接受"后，作者便可准备上传论文的最终定稿。

IEEE 旗下各类期刊的审核周期时间安排各有不同，笔者现以 IEEE 模式分析与机器智能汇刊为例来展示从编辑拿到稿件到稿件作者上传最终稿整个过程的时间流程（见图 2-5）。

（1）编辑在 2 周内确认指定的评审专家。

（2）评审专家在 6 周内完成对稿件的审阅，并将结果反馈给编辑。若是"大修改"后的第二轮审核，时间会被限定在 4 周内。

（3）在收到所有评审专家的反馈后，编辑要在 2 周内将对稿件去留的建议提交至 ScholarOne Manuscripts 系统。

（4）若稿件状态是"大修改"，作者要在 6 个月内完成修改并重新上传。若稿件状态是"小修改"，作者只有 3 个月时间。

（5）在收到作者"小修改"后重新上传的稿件后，编辑要在 2 周内自己完成审核并提交审核意见。

（6）在稿件被接收后，作者有 6 周的时间来完善并提交自己的最终定稿。至此，整个稿件审核过程结束。

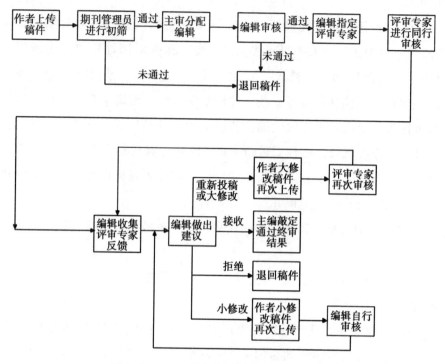

图 2-5　IEEE 旗下期刊的审核流程示意

Fig. 2-5　The audit process of IEEE Transactions

2.《自然》电子期刊的出版流程

随着学术刊物电子化大潮的涌现，学术期刊巨头《自然》也逐步开始电子化的步伐。1997 年，自然出版集团创建了《自然》期刊的门户网站（www. nature. com）。1999 年，《自然》的电子版开始发行，自此每期《自然》期刊都会发行印刷版和网络版。

自然出版集团一直推崇电子化投稿审核的模式，提供专门的在线平台，支持学术论文的网络投稿方式，同时能实时反馈稿件的审核编辑进度情况，增强了作者和出版商的互动性。

2014 年 12 月 2 日，自然出版集团宣布旗下《自然》期刊及其子刊物所刊登文章在线全文免费阅读。这一重大举措是传统期刊的一个巨大进步，顺应了广大科技工作者对开放存取大趋势的需求和呼声。相信其他各大权威学术期刊也会逐步效仿《自然》期刊，跟上电子化潮流，在线免费阅读模式会被逐渐推广开来。

2.2.3 电子期刊优缺点

电子期刊改变了传统的知识与信息交换的方式以及存储的载体，相比于纸质期刊，电子期刊具有如下特点。

1. 信息的存储量大，载体体积小

纸质期刊的存储所占的空间巨大，图书馆常面临空间不足的难题。而电子期刊的载体是光盘、计算机以及网络存储等介质，所占物理体积很小，并且存储量巨大。譬如，一张光盘可以存储 50 万页的印刷品，一个 16GB 的 U 盘可以存取数以亿计的字符。电子期刊的这一特点使得期刊的存储空间问题得以解决。

2. 信息的内容更加丰富

电子期刊能够以多媒体的形式呈现，不仅有文字还有声音、图片和视频，读者不仅能从视觉上还能从听觉等多方面获取信息，多样化的形式使读者更容易接受作者所传递的思想，使学术的交流和科研成果的共享更加高效。

3. 成本低廉

纸质期刊在编辑出版之后，需要大量印刷才能广泛的流通，而电子期刊省去了纸质期刊印刷、装订和运输的过程，降低了人力、物力的耗费。

4. 信息传递和检索更加方便

通过计算机网络，科研人员可以不受时间和地域的限制，随时随地地获取所需要的信息，较好地解决了纸质期刊体积大、借阅困难等问题。另外，由于计算机良好的检索系统功能，科研人员查找所需信息变得更加便捷，相比于纸质期刊通过目录查找翻阅，电子期刊为科研的进行节省了更多的时间。

5. 共享性强

纸质期刊的特点决定了科研人员要查找某一期刊只能到固定的地点，并且一本期刊只能供一位读者阅读，共享性较差。而电子期刊的出现使人们可以足不出户，只需通过计算机网络就能方便地检索和获取到所需要的信息，并且不会因为多人同时获取一篇文章而受限制，共享性得到很大加强。

同时，电子期刊仍有部分不足：一方面，稿件传递途径受限，出版效率仍不高。虽然推出了电子版的期刊，能多元化地展示文章内容。但稿件在作者、编辑、评审、读者等角色之间传递，仍然大量采取保存有电子化稿件的磁盘、硬盘、CD 等载体，出版效率受到很大限制。另一方面，保存的稿件易受损坏。保存稿件的载体以实物的形式存在，在发行或存档的过程中易受到各种破坏，数字化的信息容易丢失。因此，需要做好多重的备份工作。

2.2.4 电子期刊评价研究综述

近年来，随着计算机、网络等新信息技术的飞速发展，人们获取学术论文的渠道、阅读方式等有了很大的变化，由此也带来了学术论文发表模式的改变。尤其是电子期刊与网络期刊井喷式发展，相关评价成为国内外图书情报界的一大研究课题，由此也带来了文献计量学这一学科的核心内容变化。[1]

Christel Fein[2] 基于《公共科学图书馆·综合》（PLOS ONE）的 2007~2011 年、多达 28 852 个文档数据，从 5 个维度对期刊进行评价，

---

[1] 万锦堃，花平寰，杜剑，等. 关注科学评价发展前沿实践文献计量指标创新——《中国学术期刊综合引证报告》采用的三种文献计量新指标［J］. 数字图书馆论坛，2007（3）：36–41.

[2] Fein C. Multidimensional Journal Evaluation of PLOS ONE［J］. Libri，2013，63（4）：259–271.

包括杂志输出、杂志内容、期刊感知、期刊引文和日志管理。评价的结果表明，PLOS ONE 应该从众多角度评估，可以更准确地评估影响因子，评价期刊声誉和影响。A. Chasalevris 等❶提出雷诺方程模型，描述有限长度的期刊特征，进而进行评价。多纳托·海伦娜（Donato Helena）❷对相关期刊影响因子的计算方法进行详细分析，从期刊评价的理解入手，给出了影响因子提升的策略。

Tingcan Ma 等❸在传统期刊影响因子基础上，利用期刊平均论文质量和总引用来建模，构建综合的期刊影响因子，不仅可以用来评价期刊质量，而且可以描述一些期刊之间的关系，如文献计量指标等。迈克·特沃尔（Mike Thelwall）❹则从网络数据特征出发，指出期刊的评价不仅要来自论文的引用、期刊的下载量等，而且需要对网络上对期刊的描述等数据进行关注。Kun Lu Isola 等❺从引用者、引用论文及引用期刊三个角度对期刊进行评价，通过 5 年的数据分析三者之间的关系并进行建模，从而实现对论文、期刊的准确评估分析。Chen 等❻从期刊的开放程度进行研究，分别从共享模式、共享范围对期刊进行评价。英格丽德·莫尔西（Ingrid Moisil）❼则从图书馆角度对期刊进行评价研究，所用的特征主要有价值、价格、获取难度及用户体验，其目标是购买一个能够

❶ Chasalevris A，Sfyris D. Evaluation of the finite journal bearing characteristics，using the exact analytical solution of the Reynolds equation［J］. Tribology International，2013，57（4）：216-234.

❷ Donato H. Understanding Journal Evaluation and Strategies to Increase Impact［J］. Revista Portuguesa De Pneumologia，2016，22（2）：67.

❸ Ma Tingca；Wang Gui-Fang；Dong Ke. The Journal's Integrated Impact Index：a new indicator for journal evaluation［J］. SCIENTOMETRICS，2016，90（2）：649-658.

❹ Thelwall M. Journal impact evaluation：a webometric perspective［J］. Scientometrics，2012，92（2）：429-441.

❺ Lu Kun；Ajiferuke Isola；Wolfram Dietmar. Extending citer analysis to journal impact evaluation［J］. SCIENTOMETRICS，2014，100（1）：245-260.

❻ Chen Xiaotian；Olijhoek Tom. Measuring the Degrees of Openness of Scholarly Journals with the Open Access Spectrum（OAS）Evaluation Tool［J］. SERIALS REVIEW，2016，42（2）：108-115.

❼ Moisil I. Renew or Cancel? Applying a Model for Objective Journal Evaluation［J］. Serials Review，2015，41（3）：160-164.

为用户提供最佳性价比的期刊。Sujin Pyo 等❶考虑到影响因子随学科的变化情况，将影响因子的变化趋势及影响因子的学科性特点引入期刊评价中，并提出了新的指标，该指标提供了一个一致的措施来减轻影响学科因素的差异。Gai 等❷对期刊影响因子进行深入分析研究，对 8 525名眼科医生进行调研，评价不同期限的影响因子、实时影响因子、特征得分、文章影响分、文章总引用数等主要特征与期刊影响力的关系，最后结论认为总引用量及特征得分两项指标更能用来评价期刊。

乔安娜·迪伊（Joanna Duy）❸针对不同的数据库进行统计，论述不同统计方法的重要性。史小丽❹对电子发表的评价开展初步研究，从选题、出版与标准化三个方面提出自己的评价标准，虽然是初始研究，但是主要内容都已经涉及。金勇等❺从网络期刊评价的必要性出发，重点利用传统的分析方法探讨了内容来源的评价。薛晓芳等❻对电子期刊的评价工具与标准进行研究，指出了各工具的适用范围、各标准的异同。严海兵、卞福荃❼综述了电子期刊的四种主要模型，对其优缺点做了详细阐述。赵乃瑄❽对电子期刊的评价体系进行全面综述，并指出现有评价中的各种问题，如不同数据库来源联合评价、不同的计量标准、指标

---

❶ Pyo S, Lee W, Lee J. A Novel Journal Evaluation Metric that Adjusts the Impact Factors across Different Subject Categories［J］. Industrial Engineering & Management Systems, 2016, 15（1）: 99-109.

❷ Gai Shuang-Shuang; Liu Xue-Li; Zhang Shi-Le. Comparing "papers cited rates" with other measures for science journal evaluation［J］. LEARNED PUBLISHING, 2014, 27（4）: 283-290.

❸ Holmström J. The Return on Investment of Electronic Journals – It Is a Matter of Time［J］. D-Lib Magazine, 2004, 10（4）.

❹ 史小丽. 电子出版物质量评价初探［J］. 编辑学刊, 2000（6）: 23-24.

❺ 金勇, 张文敏. 网络科技论文质量评价研究［J］. 现代商贸工业, 2009（2）: 30-31.

❻ 薛晓芳, 陈锐, 何玮. 纯网络期刊评价指标、工具及其体系构建［J］. 中华医学图书情报杂志, 2011（4）: 16-19, 35.

❼ 严海兵, 卞福荃. 电子学术期刊的评价研究［J］. 情报杂志, 2008（7）: 100-102.

❽ 赵乃瑄. 电子期刊评价与利用统计研究［J］. 情报杂志, 2006（7）: 125-127.

杠杆等。张红芹等❶对三大科技论文的发表模式：纸质期刊、电子期刊及网络期刊都开展了广泛综述，尤其是对电子期刊的五大评价标准的性能做了详细描述。梅海燕❷的研究为传统评价方法的电子期刊评价可行性，指出部分指标不合适，并提出了自己的标准，如统计指标、内容影响等。秦金聚❸指出电子期刊的评价应该定性与定量结合，将质量分为基本质量、内容质量与传播质量三部分，在每部分中使用定量分析进行详细分析。李晓静❹利用模糊决策理论对网络期刊的多因素开展综合分析，由于引入了机器学习建模方法，评价结果具有良好的操作性。孙跃鑫等❺全面借鉴前人的研究成果，引入信息熵评价标准进行加权处理。虽然理论上很严谨，但是操作性有待完善。陈晓琴❻提出全新的 5 种标准，如版式、内容、编辑等。张赟等❼对国内外的电子期刊评价进行详细的比较，尤其对中国科技论文在线网络期刊进行深入分析。吴丹等❽对国内外的电子期刊的发展进行调查，总结其中存在的问题与解决思路。吴敬敏❾的研究非常深入，主要针对我国的电子期刊发展中存在的问题展开，提出核心问题为：评价标准的不适用，指出应加强评估人才培养。

---

❶ 张红芹，黄水清．期刊质量评价指标研究综述［J］．图书馆理论与实践，2008（3）：20-23.

❷ 梅海燕．网络电子期刊的评价［J］．情报杂志，2004（5）：13-15.

❸ 秦金聚．纯网络电子期刊质量评价研究［J］．情报探索，2007（8）：13-16.

❹ 李晓静．基于模糊决策理论的网络电子期刊综合评价体系的研究［J］．现代情报，2011（9）：47-50.

❺ 孙跃鑫，张全．基于网络出版的电子期刊的客观评价研究［J］．现代情报，2013（1）：145-146，150.

❻ 陈晓琴．纯网络电子期刊的评价——以 D-Lib 杂志为例［J］．赣南师范学院学报，2012（1）：61-64.

❼ 张赟，幸娅．国内外纯网络电子期刊的比较分析［J］．图书馆学刊，2011（1）：133-136.

❽ 吴丹，邱瑾．国外协同信息检索行为研究述评［J］．中国图书馆学报，2012（6）：100-110.

❾ 吴敬敏．浅谈电子期刊资源评价［J］．产业与科技论坛，2008（3）：145-146.

2.3　网络期刊出版模式

2.3.1　网络期刊的形式

目前学术期刊网络出版的主要方式有如下三种。❶

1. 印刷版期刊数字化后本机构网络出版

首先有印刷版的纸质期刊出版，之后出版商再将其数字化后上传到自己的网站上供读者阅览。这种形式是传统纸质期刊结合网络出版，网站编辑文章的相应信息，方便其他索引机构的检索和收录。同时数字化的文章形式多样，结合视频、音频等格式生动展现文章内容，便于读者阅读理解。文章作者、出版商、读者之间的交流性强，可以直接通过该网站进行信息的沟通。

2. 印刷版期刊数字化后权威机构网站代理网络出版

纸质期刊出版后将文章数字化上传至权威的信息机构网站进行出版。在这种方式下，大型的权威网站数据库系统完善可靠，汇总大量学术论文供读者查询，极大地方便了科研人员进行相应的检索查询。目前国内大多数的网络学术论文都是通过这种方式发表的，该类网站有中国知网、万方数据知识服务平台等。

3. 纯网络学术期刊的出版

此即狭义上的学术论文网络发表，文章以网络为提交、审核、出版、阅读的唯一途径，从头至尾都没有纸质刊物出现。这种方式完全克服了纸质期刊受到的地域限制，将整个出版过程搬到网络上，极大地节

❶ 黄晓薇．网络学术期刊出版研究［D］．武汉：华中科技大学，2006.

省了文章的出版时间，能以最快的速度展现最新科研成果，提高文章的时效性。同时又克服了纸质期刊页码的限制。

2.3.2　典型网络期刊及其出版流程

纸质版和电子版同时发行出售的模式是现在大部分主流科技刊物所采用的出版模式，这种模式在一定程度上弥补了单一纸质出版模式的不足，大大提升了期刊的出版效率，扩大了信息的传播范围。而后一些新兴的期刊甚至完全摒弃了纸质出版的模式，将网络出版作为自己刊物唯一的出版模式。纯网络期刊出版模式将互联网作为整个出版过程唯一的渠道，其投稿、审核、编辑、发行、下载阅读整个出版流程完全在互联网上完成。

网络期刊的出版与传统的期刊出版相比，简化了中间流程，缩短了出版周期，这是网络出版得到大部分科研人员支持的原因之一。传统期刊的出版流程主要包括四个阶段，分别是：论文撰写、出版商约稿、论文发表和用户使用。而对于网络期刊，一般将前期的营销推广和吸纳稿源也划分为期刊出版的阶段之一，所以，网络学术期刊的出版主要包括以下三个阶段。

1. 前编辑阶段

前编辑阶段包括稿件获取和期刊宣传。网络学术期刊的稿件主要有组稿和自来稿两种形式，所谓组稿即期刊通过各种渠道组织而来的稿件，自来稿则是作者自发地向期刊投稿。网络期刊的宣传能够使更多的科研人员认识网络期刊这一新兴学术出版物，从而扩大作者和读者队伍，增加获得高质量稿件的概率，提高期刊质量。

2. 编辑阶段

编辑阶段是出版的核心环节，主要包括论文初审、同行评审、修改校对和编辑定稿。期刊通过对收到的稿件进行审读、整理和筛选，实现去粗取精，去伪存真。该阶段也是期刊质量控制的核心环节，起到审核把关的作用。

3. 发布阶段

发布阶段即将编辑好的论文发表在网络平台上，供读者阅读。与传统出版方式有所不同，已发布的内容并不是一成不变的，网络出版能够在收到读者反馈之后对稿件进行修改、重新发布或撤稿。此环节不仅有编辑的上传发布，还有读者的下载和反馈。网络的交互性使发布阶段的交流和反馈形式更加多样，同时也对期刊的质量产生较大的影响。

这里以专业排名第一的《机器学习期刊》（*Journal of Machine Learning Research*，JMLR）为例，介绍网络期刊的出版流程。

JMLR 是一份人工智能领域下机器学习方向的学术期刊。JMLR 是一份纯网络模式的期刊，没有纸质版的出版发行，同时也是一份开放存取期刊，所有读者可以自行在其网站上免费下载所需文章。该期刊为人工智能领域高质量的论文提供了一个国际性的出版平台，所有在 JMLR 上发表的论文都能够在网站上免费获取。中国计算机学会将其评为人工智能和模式识别领域的四大顶级期刊之一。

JMLR 期刊有一个在线的论文提交系统，所有投稿的论文都须按格式等要求在该系统中提交，并且投稿的论文必须未在其他期刊上发表。JMLR 期刊承诺其能够快速严格地对所投稿件进行审查，审稿周期一般在 3 个月左右，由于其是一个纯网络形式的期刊，被录用的稿件最终将会被刊登在期刊的网站上。2004 年以前，JMLR 期刊由麻省理工学院出版社（MIT Press）在线出版发行，每年出版 8 次，现在期刊由 Microtome 出版社出版。作为一个开放存取期刊，作者保留论文的版权。

JMLR 对所发表的论文要求十分严格，不仅要语言简练，具有创新性和科学性，还要求论文中定理的证明过程必须合理严谨，文章的专业性较强，在人工智能领域具有极高的权威性且认可度高。

JMLR 期刊有着严格的审核流程，保证期刊所发表的文章是高质量和高创新性的。其主要流程如下。

（1）在作者提交稿件后，稿件会先提交给主编进行初筛。若主编审阅后认为该稿件内容明显不满足 JMLR 的质量标准要求，或者稿件方向不符合 JMLR 的出版领域方向，主编有权直接退回稿件。

（2）稿件通过初筛后，主编会在 1 个月内将稿件指定给一个该领域的编辑来负责后续审核流程。编辑在审阅稿件后若觉得该稿件无法通过审核，可有权退回稿件。

（3）在编辑完成审核后，他要指定 3 位该领域专家进行同行审核。专家们会对文章的具体细节进行审核评定，这一过程将持续 1~3 个月。

（4）编辑在收集完专家的回馈意见后，向编委会反馈自己的建议，包括"接收""拒绝""小修改"和"大修改"。

（5）编委会做出最终是否接收稿件的决定。

2.3.3　网络期刊优缺点

网络期刊将网络作为自己的传播手段，具有如下特点。

1. 大大缩短了出版周期，传播迅速，期刊内容时效性强

学术文章在网络上完成文章作者、出版机构、审核专家、订阅读者之间相互的交流传阅，同时免去了刊物的印刷时间，极大地缩短了稿件的出版流程，使读者能在最短的时间里获取最新的科研资讯。同时又避免了刊物在互相邮递之间可能的延误和遗失等情况，极大地提高了安全性。

2. 以多种内容形式发布学术期刊，丰富了论文的表现形式

网络发表的学术期刊不仅含有传统的文字、图片，还可以附加各种音频、动画、视频等多媒体形式，甚至还可以添加一些交互式的应用，极大地丰富了论文的表现形式，使论文变得生动、形象，读者也可以选择自己最适宜的方式来学习文章内容。

3. 索引便捷高效，检索方便

在网络上，研究人员可以通过对文章名、作者、出版物名称、参考文献等查询具体的关键字、关键句子来寻找自己所需的文章内容，极大地提高了文献查找的效率。同时，在阅读论文的时候还可以点击文内的超链接直接获取相应内容，有效地将知识块整合联系在一起。

4. 扩大了学术期刊的传递范围

网络发表出现后，学术期刊的传播不再受地域的限制，全球各地的读者只要通过网络，都可以在第一时间内获取想要的期刊内容。各种翻译应用的出现也使得不同语种的读者都可以阅读任意语种的文章。

5. 实现了各种资源的共享

研究人员不仅通过网络传递学术文章，还能对相关资源进行加工、利用。这种作者、读者多方添加使用各类信息资源的形式本质上推动了文献的资源共享。

任何新兴技术都有其局限与不足。学术期刊的网络出版也不例外，它有以下几个不足。

1. 作者对文章的学术责任感下降

信息网络化给人们带来信息获取便捷的同时，也让人难以明确信息的具体来源。网络信息发表的隐匿性，使得个人将现实世界的个人身份与网络世界的身份隔离开来。这使得一些人难以控制自己的行为，从而导致责任感的下降。

由于互联网环境相对宽松，一些科研人员会降低自己的学术标准，捏造数据、随意发表个人观点、伪造论证、盗用他人成果等恶劣手段层出不穷。因此，学术界急需建立对论文发表平台的严格标准和平台对论文的统一审核制度。

2. 舆论的控制力度弱化

以全球互联网为依托，信息传播迅速高效是网络发表的优势之一，但这也是一柄双刃剑。互联网上信息良莠不齐，有害的虚假信息也会随着网络上的信息流一起迅速大范围传播，想要在如此庞大的互联网体系中控制某些具体的不良信息的传播是十分困难的，这导致舆论控制力的大幅弱化。

2.3.4 网络期刊核心竞争力概述

作为世界第二大经济体，目前我国每年发表学术论文总量已仅次于美国，居世界第二位。相比之下，作为生产、选择、记录与传播知识成果正式和主要途径的学术期刊，在 JCR（期刊引证报告）中只位列第九，❶ 凸显出其影响力的薄弱与核心竞争力的缺乏，也使我们进一步认识到培育、提升我国期刊核心竞争力的紧迫性。网络时代的到来使数字化信息逐步成为学术传播的主流信息资源，网络学术期刊得以蓬勃发展，不仅是期刊传播媒介的改变，也使世界期刊出版业面临重新洗牌的变革。正如互联网之父伯纳斯·李（Sir. Tim Berners-Lee）爵士所言："已有的学术交流和期刊出版体系受到了挑战"，"对于学术期刊出版模式，互联网革命将产生更为深远和突破性（disruptive）的影响"。这为我国期刊抓住机遇、繁荣发展带来了契机。期刊网站等作为学术期刊出版平台，本身具有特殊的影响力。而这种影响力一方面会对论文的传播、共享产生极大的影响，❷ 另一方面也对作者的学术地位、学术声誉有不可估量的作用。

网络期刊核心竞争力是期刊以互联网为传播手段、经过长期积淀且具备一定规模和实力后才具备的、能够带来持续竞争优势的综合能力。这种能力以其独特的资源为基础、以强大的品牌效应为外在表现，使期刊能够长期地吸引、拥有和控制作者与读者，使选题与策划、组稿与审稿、编校与排版、发行与营销等环节实现有机融合。不同研究人员有不

---

❶ 张玉，苏磊，葛建平，等. 关于科技期刊开放存取的几点认识与思考［J］. 编辑学报，2015（S1）：11-12.

❷ 崔丽芬. 社会因素对于学术期刊出版模式的影响——向电子期刊转变过程中的问题讨论［J］. 图书情报工作网刊，2012（02）：40-54；Berners-Lee T，Hendler J. Publishing on the semantic web［J］. Nature，2001，410（6832）：1023.

同侧面的研究与理解。❶

2.4　开放存取模式

2.4.1　开放存取的形成

从 20 世纪 70 年代起，欧美部分发达国家用商业化的模式来套用学术期刊出版工作，出版商们不再把推动学术的传播和交流当作学术期刊的最终目的，而是将自身的利润最大化视为首要目标。伴随着部分出版机构不断地壮大合并，学术期刊的市场逐渐地被控制和垄断。一些出版商靠着自己的垄断地位哄抬自己旗下学术期刊的价格，导致大量图书馆无力支持这些刊物的购买，本该相辅相成的三角体系中出版机构和图书馆这一边出现了断裂。在之后的 40 年里，为购买学术期刊的支出费用不断上涨，甚至远远超过通货膨胀的增长速率。按图书馆研究协会（Association of Research Libraries）的统计表明，1986~2003 年，美国期刊的通货膨胀率上涨 68%，与此同时图书馆材料预算上涨 128%，期刊费用上涨幅度甚至达到了 215%。❷ 而按 Blackwell 期刊的价格指数表明，1990~2000 年，社会人文科学类的学术期刊费用上涨 185.9%，同时医学和科技类的学术期刊费用分别上涨 184.3% 和 178.3%。❸ 这些价格大

---

❶ 刘远颖，刘培一. 论学术期刊核心竞争力的提升 [J]. 中国科技期刊研究，2007（2）：191-194；李栓科. 编辑创新，期刊核心竞争力的源泉——《中国国家地理》杂志的探索 [J]. 出版发行研究，2007（10）：19-22；姜明生. 提高期刊核心竞争力的几点思考 [J]. 中国出版，2008（5）：41-44；公晓红，冯广京. 我国期刊核心竞争力研究评述 [J]. 中国科技期刊研究，2006（2）：182-188.

❷ Mc Cabe M J. Journal pricing and mergers: a portfolio approach [J]. American Economic Review, 2002, 92（1）：259-269.

❸ 刘辉. 开放获取期刊数据库的评价 [J]. 大学图书馆学报，2007（1）：59-63.

幅上涨的学术期刊严重阻碍了学术知识在世界范围的流通与发展，这场变化被学者们冠以"学术期刊危机"的名称。而开放存取（Open Access）❶ 就是在这一背景下兴起发展的。

2001 年，"布达佩斯开放存取宣言"首次对开放存取进行完整的定义："文献可以通过互联网免费获取，即允许任何用户阅读、下载、复制、传递、打印和检索论文的全文，或实现对论文的全文链接、为文献建立索引、将文献作为数据编入软件，或者对全文进行任何其他出于合法目的使用，而这些使用方式除网络本身出现障碍和出于对作者著作权保护的考虑外，不应受经济、法律和技术的任何限制。"❷ 从上述定义可以看出开放存取主要有两层含义：一是学术信息的免费与开放；二是学术信息的可获取性。

目前，开放存取主流定义为"对于某种文献，存在多种程度和类型的、操作更简单的存取手段，对文献的开放存取即意味着它可以在公共网络上被免费获取，允许任何用户对该文献的全文信息进行阅读、下载、复制、分发、打印、检索、超链接，为作品建立索引和将作品作为数据传递给相应软件，或者进行任何其他出于合法目的的使用，而不受经济、法律和技术方面的任何限制，除非网络本身造成数据获取的障碍。对复制和传播的唯一约束，或者说版权唯一作用是，使作者有权控制其作品的完整性，及作品被正确接受和引用"。❸

开放存取期刊是学术期刊网络发表后，读者可以通过网络免费进行阅读、下载、引用等一系列行为。期刊出版商通过向稿件作者而不是传

---

❶ 陈蔚丽，陈如好．国内外三大开放存取期刊资源整合平台的比较分析［J］．图书馆学研究，2013（1）：64-67；匡登辉．PLoS 开放存取期刊网络平台知识服务研究［J］．中国科技期刊研究，2016（1）：72-78；王丽萍，李立，杨俐敏，等．浅析我国开放存取期刊发展缓慢的原因［J］．传播与版权，2015（1）：47-48，52.

❷ 张玉，苏磊，葛建平，等．关于科技期刊开放存取的几点认识与思考［J］．编辑学报，2015（S1）：11-12；王丽萍，李立，杨俐敏，等．浅析我国开放存取期刊发展缓慢的原因［J］．传播与版权，2015（1）：47-48，52.

❸ 初景利．开放获取的发展与推动因素［J］．图书馆论坛，2006（6）：238-242.

统的向读者收费的方式维持运营，同时，稿件版权仍归属于稿件作者，而不是传统的归属于出版商。通过这一形式，"学术期刊危机"自然而然地就被解决了。

开放存取借助资源共享模式，实现学术信息的传递、利用与交流，极大地削弱了商业因素对科研的影响，降低了论文出版的成本。因此，开放存取模式具有如下三个特点：（1）简化了获取科研文献的获取过程，加速了全球范围内的学术交流，有助于缩小不同研究团体的科研实力差距。（2）极大地削弱了经济因素对论文出版的影响，使得科研成果归于其本来目的，降低科研成本，整体上提升科学研究的质量。（3）因为学术文献的相关活动均通过网络共享实现，极大地限制了学术上的种种不端行为，如抄袭、剽窃、打压等，使得好的科研成果、科研人员、科研团体、科研机构得到应有的影响力与美誉度，提高全人类的科研效率。

因此，开放存取在全球的努力下发展非常迅速，主要发展阶段如下：1997年之前，开放存取没有明确被提出，但是相似的组织已经成立；1998年成立"自由扩散科学成果运动"后，开放存取得到全面认可，其意义、内涵和组织形式也为大部分科研人员所认识；❶ 2002年，在布达佩斯开放存取先导计划获得通过后，开放存取发展进入快速稳定的发展阶段。据《开放存取期刊目录》（*Directory of Open Access Journals*，DOAJ）统计，2004年6月底，Web of Science中有239种开放存取期刊，比2004年2月上一次分析时增加43种，到2006年3月，DOAJ已收录多达2 100多种开放存取期刊。著名的引文数据库Web of Science中所收录的开放存取期刊数量增长迅猛，这其实就体现了国际主流学术界对开放存取期刊的认同。

---

❶ 张玉，苏磊，葛建平，等. 关于科技期刊开放存取的几点认识与思考［J］. 编辑学报，2015（S1）：11–12.

2.4.2 典型开放存取案例及其业务流程

因大型期刊出版商垄断学术信息出版资源造成的所谓"学术期刊危机"使得开放存取模式孕育而生。这种新兴模式套用纯网络出版模式的流程，同时完全开放所收录文献的下载和引用权限，将传统的由订阅读者付费的模式改为由文献作者付费出版的模式，可大大减轻图书馆、学校、独立科研研究者的压力。同时文献作者可以从研究的课题项目中提供经费来出版自己的成果，也能推广这个项目的知名度和传播度，因此，这种作者付费的模式具有其合理性和可持续性。

总的来说，开放存取活动的开展在欧美等发达国家比较成功，主要国家都制定国家宏观政策予以支持，如美国、❶ 英国❷等。我国❸虽然近期开展迅速，但是仍有很多地方需要改进。开放存取的实现途径可分为OA 期刊（开放存取期刊）和 OA 仓库（开放存取仓库）两种模式，下面分别举例来说明两种模式的发展现状。

1. OA 期刊

20 世纪 80 年代，很多电子期刊都是以 OA 期刊的模式出版的，如 *New Horizons in Adult Education*（1987 年）、*the Public‐Access Computer Systems Review*（1989 年）。但当时的这类期刊大部分经费都来自创办人自身或者企业资助，这种形式充满了乌托邦式的幻想，不具有可持续

---

❶ 牛晓宏，马海群. 开放存取的国家宏观政策体系建设研究［J］. 出版发行研究，2008（4）：54-57；付晚花，肖冬梅. 美国 NIH 公共获取政策及对我们的启示［J］. 图书馆杂志，2008（10）：59-62；沈东婧，王斌，江晓波. 美国国立卫生研究院（NIH）公共获取案例解析及启示［J］. 图书情报工作，2009（S1）：123-125，107.

❷ 袁红梅，乔冬梅. 开放存取：英国 FAIR 计划的实践与启示［J］. 图书情报知识，2007（4）：92-96；孟激，刘智渊. 英国研究理事会绩效管理与评估［J］. 中国科学基金，2009（4）：247-252；张换兆，许建生. 英国研究理事会的特点分析及其对我国科技计划改革的启示［J］. 全球科技经济瞭望，2014（11）：66-71.

❸ 何琳，刘芃. 国内开放存取研究述评［J］. 现代情报，2007（4）：20-22；曲丽丽，徐拥军，孙静，等. 国内开放存取研究述评［J］. 档案学通讯，2010（4）：7-10.

性，因此对 20 世纪 90 年代出版模式并没有造成很大的影响。❶ 90 年代起大多电子期刊都与纸质期刊同步发行，销售模式也是沿用传统的阅读用户订购模式。

2003 年 10 月，美国科学公共图书馆（the Public Library of Science, PLOS）发行创办 *PLOS Biology* 改变了这一局面。*PLOS Biology* 的主要领域是生物学，是一份完全意义上的 OA 期刊，采用作者付费模式。在此后的几年里，PLOS 相继又创办 *PLOS ONE*、*PLOS Genetics*、*PLOS Pathogens* 等一系列期刊，全部采用开放存取模式运营。PLOS 将所有 8 种期刊所有文献全文收录至自己的门户网站上（https：//www. plos. org/）免费供读者阅读、下载及引用，为全球科研工作者提供了一个巨大的资料信息宝库。在此，着重介绍一下 PLOS 旗下的 *PLOS ONE* 期刊审核流程。

PLOS ONE 由 PLOS 在 2008 年 10 月开始正式发行，其覆盖的文章领域广泛，包括科学和医学领域的任何方向的研究。因其领域广泛，故收录文章数量十分庞大。2010 年 *PLOS ONE* 收录文章 6 913篇，不仅是全球收录文章最多的开放存取期刊，更是全球第一大学术期刊。2010 年后 *PLOS ONE* 收录文章数还在迅速增长，最高在 2013 年达到 32 062篇之多，2014 年略有下降，但仍有 29 767篇文章被收录，如图 2-6所示。

在如此庞大的文章收录数面前，*PLOS ONE* 也保持着一定的文章质量保障。严格的审核制度使得 *PLOS ONE* 在 2009 年一被 Web of Science 收录便达到了 4. 351 的影响因子分数。这几年因文章基数的扩大影响因子略有下降，也仍能保持在 3 以上，如图 2-7 所示。

开放存取期刊一般也是纯网络期刊，本书 2. 3. 1 提及的 JMLR 期刊就是著名的开放存取期刊。*PLOS ONE* 作为其同类期刊与 JMLR 期刊有基本相同的审核制度。

---

❶ 李武. 开放存取出版的两种主要实现途径［J］. 大学图书馆学报，2005（4）：58-63.

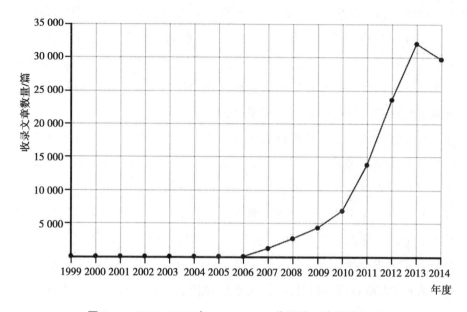

图 2-6   1999~2014 年 *PLOS ONE* 收录的文章数量示意

Fig. 2-6   **The number of published articles in "*PLOS ONE*" from 1999 to 2014**

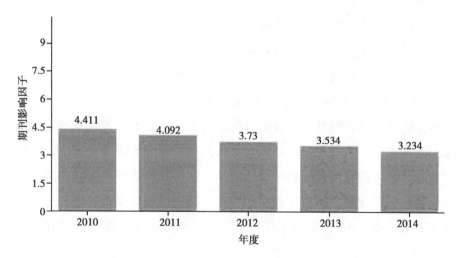

图 2-7   *PLOS ONE* 2010~2014 年影响因子示意

Fig. 2-7   **The impact factor diagram of "*PLOS ONE*" from 2010 to 2014**

任何一篇文章想要在 *PLOS ONE* 期刊上发表都要经受极其严苛的质量控制和同行审核评估。最初的内部质量控制审核要讨论诸如利益冲突、人体或动物研究涉及的道德问题、引用数据完全符合 PLOS 标准等一系列基本问题，只有在完全满足此类质量标准后，文章才会提交至之后的审核环节，否则会被退回要求修改。

通过第一轮内部质量审核的文章会被提交至 *PLOS ONE* 与该篇文章相关领域的学术编委会，学术编委会要根据 *PLOS ONE* 的具体发表标准来对文章内容进行仔细地阅读审核，之后给予评估或者要求外部同行评审。若编委会提出了同行评审的要求，稿件会发送至其他相关领域几位专家手中，专家们通常在 10 天内完成对该稿件的审核评估，并提交给编委会，编委会再决定文章最终录取与否。在通过该环节的审核后，文章正式被 *PLOS ONE* 期刊接收，文章作者便可等待这篇文章的正式刊印出版。

2. OA 仓库

20 世纪 90 年代，为解决传统期刊发行周期长导致学术文章发表滞后这一问题，出现学术组织将预印本存储在服务器上供他人下载阅读的模式。随着时间的推移，部分已刊印发表的文章资料也被上传到共享服务器上，逐渐形成现在所说的 OA 仓库模式。❶

OA 仓库的最大特点是仓库本身只对稿件有个初步的初筛过程，剔除掉主题或者格式明显不符合出版要求的稿件，而不负责对稿件进行详细的具体审核。该模式下稿件具体审核的权力被交给读者来完成，每位读者在详细审阅完稿件后都可以通过 OA 仓库的网络平台向稿件作者反馈他的意见和建议。稿件作者在思考这些反馈后决定是否对稿件进行修改并重新上传。OA 仓库的工作人员将汇总评估读者给该稿件的评定分

---

❶ 蔺梦华. 基于 OA 的开放仓储库 [J]. 情报资料工作, 2005 (6): 62-64, 84; 郦纯宁. 创建大学毕业论文 OA 仓储库的探索 [J]. 农业图书情报学刊, 2012 (12): 142-145, 158; 王兰敬. OA 仓储出版模式研究 [J]. 图书馆学刊, 2008 (2): 29-31; 邵晶. 绿色 OA 仓储的"存档"与"开放"策略研究 [J]. 图书情报工作, 2008 (11): 78-80, 142.

数，并以此为依据对文章的显示位置和顺序进行排序。读者反馈好的稿件会被放在网络平台的推荐位置，使其更容易被登录平台的读者看到。OA 仓库论文发表模式流程如图 2-8 所示。

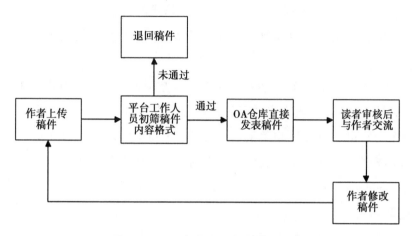

图 2-8　OA 仓库论文发表模式流程

Fig. 2-8　The publishing flow chart of OA warehouse

如今，OA 仓库机构越来越多，这些仓库也开始进行自己的标准化建设。诸如佛罗里达州立大学的 D-Scholarship、加州大学的 eSholarship 存储、arXiv 等 OA 仓库都有着自己完备的标准和庞大的收录文献库。下面着重介绍 arXiv 库，以及国内几个 OA 仓库——中国预印本服务系统、中国科技论文在线和《科学通报》期刊。

（1）arXiv 文库审核流程

1991 年 8 月，美国康奈尔大学物理学家保罗·金斯帕格（Paul Ginsparg）正式建立 arXiv 电子文档库，存储一些高能物理领域的文章。2001 年起康奈尔大学正式接手 arXiv 库，将其发展为包含物理学、计算机科学、量化生物学、数学、非线性科学、统计学 6 个领域的文献库，收录大量此类领域的出版或还未出版文献。

arXiv 库收录的文献没有评定过程，读者可以通过对某篇特定文献点评来直接与作者进行沟通。该文献库不向读者收取任何费用，科研工作者完全可以自由地对文章进行阅读、下载和引用。arXiv 库原由美国国家科学基金会和美国能源部资助，现由康奈尔大学出资维护，该项目大大促进了学术成果的交流和传播，现已成为相关几个领域的主要信息交流平台。arXiv 库的出现是开放存取里程碑式的进步，大量的学者选择在自己的科研文章发表前将文章先上传到 arXiv 库上供其他研究人员阅读审核。

arXiv 库本身没有审核机制，不对在其数据库发表的文章内容质量负责。想要在 arXiv 发表文章的科研工作者先在 arXiv 上注册一个账号，再找一个与自己文章领域相关的已在 arXiv 库的该领域发表过 4 篇及以上文章的学者，让这位学者认可申请人的专业背景并给予申请人一份发文许可（endorsement），之后申请人便可以在 arXiv 库的这个领域发表自己的文章了。

文章一经提交便可直接在 arXiv 网页内下载阅读，不需经过专人的审核编辑。同时，全球各地的科研工作者可以免费下载阅读上传的文章，并可直接与作者信息交流讨论文章内容，即所有人都可以审核具体的文章。文章作者在收到反馈信息后再修改文章细节部分，之后重新提交至 arXiv 库后可继续发布。

（2）中国预印本服务系统审核流程

OA 仓库现包含预印本仓储和后印本仓储两种模式。预印本模式是指科研成果在未正式发表前，因为科学交流的需要而在互联网上发布，或通过科技报告、交流文献等模式产生的电子文档。其显著特点是及时、原始，最大的优点是加速研究成果的传播与发布。预印本囊括的文献种类有期刊文章、论文、会议资料以及学术报告等。

中国最大、影响力最广的预印本发表平台为中国科学技术信息研究

所与国家科技图书文献中心联合开发的中国预印本服务系统。❶ 上面的
资料主要是全国科研人员自由交流的论文、短评等，内容涉及很多学
科，主要包括 6 大类：自然科学、农业科学、医药科学、工程与技术科
学、图书馆和情报与文献学。

中国预印本服务系统发表过程相对期刊来说更加简便快捷，条件也
非常宽松。第一步，用户注册。第二步，研究成果电子稿上传，如有需
要，需要对基于第三方评审结论修改后的论文进行上传。系统严格记录
作者提交和修改文章的时间。因系统只对作者提交的文章进行简单审
核，发表流程大大缩短，所以，其便于作者在第一时间公布自己的创新
成果，最大程度让各种学术观点都能得以发表，促进科学发展。

因为不涉及评审与版权等核心问题，所有预印本系统仅仅对所上传
的论文进行形式上的审查，除了对危害社会、非法的内容予以删除外，
直接将稿件发布到平台上供全国读者下载阅读，不承担任何责任。

另外，中国预印本服务系统鼓励所有作者将其在系统上已发表的成
果投稿至相应传统期刊，但是，如果文章在某一期刊上正式发表，作者
需要在系统中修改该文章的发表状态，且将所发表期刊的刊名和期号标
识清楚，方便读者查找。

（3）中国科技论文在线审核流程❷

中国科技论文在线由教育部科技发展中心主办，是主要针对高校科
研人员而创建的科技论文网站。

在"阐述学术观点、交流创新思想、保护知识产权、快捷论文共
享"这一理念的指导下，中国科技论文在线完全引入开放存取的先进思
想，一改传统发表中的评审、修改、编辑、印刷等复杂程序，利用先进

---

❶ 唐华旺. 信息交流方式——电子预印本介绍［J］. 情报资料工作，2005（4）：31-33，
30；赵莉莉. 国内两大开放存取系统的对比研究——奇迹文库和中国预印本服务系统［J］. 现
代情报，2007（9）：48-50；张丽. 国内预印本系统比较研究［J］. 中国图书馆学报，2006
（4）：83-86.

❷ 刘文勇. "中国科技论文在线"传播特点及发展策略研究［D］. 保定：河北大学，
2011.

的信息技术，构建架构先进的发表平台，为以高校为主的科研人员提供及时、可靠的成果发布，推广半官方平台。经过多年的发展，不仅形成稳定的工作团队，在线内容、形式也得到极大地丰富，甚至全国有几十所高校在研究生毕业时都对在中国科技论文在线上发表的科研论文予以认可，形成非常鲜明的特点。

截至 2015 年 10 月，中国科技论文在线的首发论文共 82 831 篇，优秀学者论文共 92 214 篇，自荐学者论文共 31 212 篇，科技期刊共 1 242 320 篇，访问人次达 32 800 224 人次。

与一般预印本系统不同的是，中国科技论文在线有基本的投稿要求，规定所投论文必须符合国家相关法律规定，学术观点基本正确，且在学术上有一定的创新，但是文责自负。

科技论文在线采取的是"先公开、后评审"的模式，新投稿件在递交后的一周内为初审阶段，对论文的学术性、政治性、道德性等问题进行基本的内容确认与规范审查。一旦通过初审，则直接发表。需要特别说明的是，中国科技论文在线成立了由 35 名中国科学院院士和中国工程院院士组成的论文质量顾问委员会，对所有论文提供最终学术指导。论文发表后，平台注册用户可对其进行评价，进行学术交流。经过多年的运行，平台针对评审、论文撰写要求制定了一系列规章制度，如《论文评审的说明》《审查内容权重及对应分值表》和《在线发表科技论文的学术道德和行为规范》。

2.4.3　开放存取的特点

开放存取作为一种新兴的学术交流模式，相比较以往的学术期刊出版模式具有如下几个特点。❶

1. 学术信息交流更加便捷

通过开放存取这种新模式，全球的读者可以免费获取最及时的科技

---

❶　曹玉霞. 开放存取：21 世纪学术信息传播的新模式［D］. 杭州：浙江大学，2008.

学术信息，大大降低了图书馆及广大科研人员获取信息的成本，从而使各种实时科学信息的传播更能无阻碍地全球通行。

2. 收费对象不同，向论文作者收费

传统期刊一般要向订阅的读者收取费用以获取利润，而开放存取的收费模式不同于传统期刊，它是向论文的发表作者收取费用。因为作者一般能在项目或者课题中申请一定经费，并且也乐于通过支付一定费用来发表推广自己的成果，以提高成果的影响力，所以这是一个合理的可持续的收费模式。

3. 版权归属不同，论文作者获得版权

在传统期刊的模式中，出版商一般会要求论文作者将文章的版权转让给出版商，即出版后出版商完全拥有文章版权，作者只有使用权没有所有权。而在开放存取这一新模式下，文章的版权仍属于作者而不是某一出版商。这大大提高了科研工作者的积极性。

2.5 不同出版模式的学术期刊运营比较

传统纸质期刊、早期电子期刊、纯网络期刊这几类期刊类型的根本区别在于稿件的载体上，即传统期刊只有纸质版期刊发行，早期电子期刊同时发行纸质版和电子版期刊，纯网络期刊只发行电子版期刊。它们所呈现的形式各不相同，但宗旨都是将有一定学术价值的论文进行传播。

随着科技的发展，期刊的出版形式发生了翻天覆地的变化，但无论期刊的外在形式如何变化，其对稿件的审核依然是出版过程中必不可少的环节，仍然是保证学术期刊质量的重要手段。

传统纸质期刊因其稿件的互相传递只能通过邮寄的方式进行，所以追求尽量少的稿件邮寄。稿件作者通常会直接将稿件寄给相关领域的某个编辑，由他进行稿件的初筛。而电子期刊和网络期刊模式下，稿件作者通过在线平台进行稿件的上传，早期的电子期刊由相应期刊的管理员进行稿件初筛，而纯网络期刊由主审进行稿件初筛。初筛流程是为了筛除掉领域、格式不符合期刊自身定位的一部分稿件，期刊管理员或主审在完成初筛后会指定编辑审阅稿件。编辑在完成审阅后，需安排一定数量的专家对稿件进行同行审核。编辑在综合这些反馈后提出自己的审核建议。网络期刊在评审过程中，编辑、专家与作者之间相互反馈信息能够通过网络化技术进行，如在线提交、电子邮件等，相比于传统期刊邮寄的形式，能节省更多时间，缩短出版周期。

这三类期刊里不同的具体期刊会在发表流程的细节上有不同的要求。如初审遇到不合适的稿件时，《自然》期刊的编辑将建议稿件投递给合适的《自然》旗下的其他期刊，增加稿件录用率。在用稿决定权方面，《自然》的用稿权在责任编辑，而其他期刊一般由主编、副主编以及编辑人员组成的编委会决定稿件的使用。此举将最终决定权放在编辑而不是主编、编委会等其他未对稿件有极其详细了解的负责人手里，极大地提高了编辑的权力。

OA 期刊与纯网络期刊的最大区别在于稿件的所有权是在出版商还是在作者，及读者下载阅读文章是否免费。OA 期刊的审核流程也基本与纯网络期刊相同，只在细节上有所修改。如 *PLOS ONE* 期刊编委会有权自行完成稿件的审核建议，或是提出同行审核交予专家进行审核评定。

如图 2-9 所示，OA 仓库的审核模式较之之前期刊类型的审核模式有了巨大的不同。其采用的出版模式称为"先出版，后评审"，OA 仓库的编委会只对作者上传的稿件进行初步的筛选，剔除格式、涉及领域不符 OA 仓库要求的稿件，而不会对其进行具体的审核，稿件从投稿到在网站上发表最快只需 1 周的时间。它直接将经过筛选的稿件上传至发表平台，将审核的权力交给读者而不是指定的几个同行专家。读者通过平台可直接与作者联系交流，提出自己的意见和建议，作者在稿件提交后也可以随时对论文进行修改，在整个稿件的发表过程中，审核、作者修改以及编辑排版的各个过程存在一定重叠性，没有传统期刊将每一步分得那么明确。这种无专家审核环节的出版模式极大地加快了论文的出版流程，使得论文一经上传便可立刻发布，具有极强的实时性。这种方式消除了"评审""评论"以及"评阅"的界限，综合了专家的"评审"和一般读者的"评论"，使二者具有同样的效用，改善了传统评审单纯依赖评审专家的审核机制。由于文章在网站上发表前并没有经过严格的质量控制，只有初步的筛选，所以文章的权威性得不到保障，极易产生鱼龙混杂的现象。

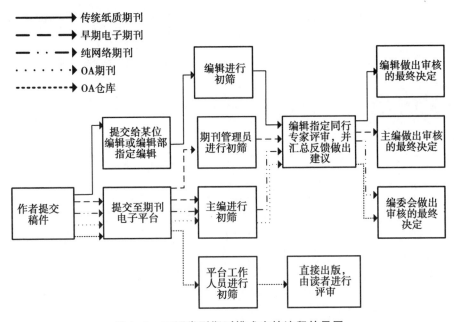

图 2-9 不同类型期刊模式审核流程的异同

Fig. 2-9 Similarities and differences of checking process of various types of publishing model

2.6　本章小结

本章首先对纸质期刊、电子期刊、网络期刊等几种学术期刊出版模式以及开放存取模式进行详细介绍，分析其形成过程、典型案例及业务流程、优势与不足，对不同模式期刊的评价及核心竞争力研究进行概述，对不同模式期刊运营流程的相同点与不同点进行比较和总结，为后续内容提供基础研究。

3

开放存取发展现状及环境调研

3.1　开放存取国内外发展现状

随着开放存取运动的不断开展，对其理论的研究、相关政策的探讨也非常热烈。不仅相关科研人员，不少地方的政府都参与其中，出台一系列政策，鼓励各种各样的开放存取模式。下面对发达国家与发展中国家的重要开放存取活动进行概述。

1. 发达国家

开放存取起源于欧美发达国家，尤其以美国、英国、芬兰、德国、法国为代表。为了强化知识产权的自我保护，不仅在民间有各种开放存取组织和平台，而且相当一部分国家相继制定了相应的政策，允许并鼓励开放存取的出版模式。其中，英国和美国政府甚至出台政策，要求所有政府提供资助的研究必须有一定的 OA 服务。

目前，运营良好的机构主要有开放存取期刊列表（Directory of Open Access Journal，DOAJ）、科学公共图书馆（the Public Library of Science，PLoS）、学术出版和学术资源联合机构（the Scholarly Publishing and Academic Recources Coalition，SPARC）及 arXiv 开放存取数据库。另外，出版巨头，如 Elsevier、Blackwell 等创办了有不少开放存取期刊或者收费期刊中有很多文章或期卷内容以开放存取模式出版，开展开放存取试验。

下面重点介绍美国、英国以及芬兰三个国家的典型开放存取政策及机构。

（1）美国❶

建立最早且影响最大的是美国国家卫生学会的公共获取政策。美国国家卫生学会早在 2004 年开始调研并制定开放存取政策，2005 年正式实施。在所有的政策中，核心是要求其资助的研究人员必须将其受资助的论文在正式出版的 12 个月前上传到 PubMED Central 数据库，提供给全国研究人员免费下载并接受同行评议。因为该机构是美国主要基金资助单位，它的要求非常有效且得到了很好的执行。鉴于其效果的良性影响，美国政府非常认可并在随后的时间内大力推广，这也为全球其他国家开放存取政策的制定与实施提供了一个非常重要的借鉴样板。

（2）英国❷

英国也是一个积极执行开放存取政策的国家，其实行的政策与美国的 NIH 的政策相比有过之而无不及，强制性更强。绝大多数的政策为英国研究理事会和英国主要科学资助基金所制定，强制性要求受资助研究成果必须及时、广泛、有效地向全国人民开放，免费获取。

（3）芬兰❸

开放存取在芬兰已取得国家宏观政策的支持。由芬兰教育部领头，成立开放存取科学出版委员会来推进开放存取运动的发展，对国内的科研机构、高校、出版单位、图书馆等开放存取有关的单位制定了相应的政策，如：科研机构包括高校必须建立开放存取数据库，鼓励科研人员上传共享科研成果。

2. 发展中国家

开放存取在发展中国家的进展非常迅速，甚于发达国家，而尤以印

---

❶❸ 牛晓宏，马海群．开放存取的国家宏观政策体系建设研究［J］．出版发行研究，2008（4）：54-57；付晚花，肖冬梅．美国 NIH 公共获取政策及对我们的启示［J］．图书馆杂志，2008（10）：59-62；沈东婧，王斌，江晓波．美国国立卫生研究院（NIH）公共获取案例解析及启示［J］．图书情报工作，2009（S1）：123-125，107.

❷ 袁红梅，乔冬梅．开放存取：英国 FAIR 计划的实践与启示［J］．图书情报知识，2007（4）：92-96；孟激，刘智渊．英国研究理事会绩效管理与评估［J］．中国科学基金，2009（4）：247-252；张换兆，许建生．英国研究理事会的特点分析及其对我国科技计划改革的启示［J］．全球科技经济瞭望，2014（11）：66-71.

度、乌克兰和中国最有代表性。

（1）印度❶

2006年印度政府在科学大会上提出"国家开放存取最优政策"，并于同年召开"电子出版和开放存取研讨会"，在会议上发布"发展中国家的国家开放存取政策"。两个政策相辅相成，后者是在前者的基础上设立的，更具普遍性。要点如下：

首先，印度政府资助的成果，在开放存取平台发表后，立即将论文放到论文仓库中，供同行免费获取。

其次，政府可资助研究人员进行开放存取式发表。

最后，赞同并鼓励研究人员保留科研成果的版权。

（2）乌克兰

乌克兰早在2005年就召开了"开放存取学术交流研讨会"，制定有关规定。鼓励科研机构及高校参与其中，并为相关开放存取平台构建提供技术与资金支持。2006年，在原有政策基础上，补充了新的资金支持政策。2007年开始，乌克兰开始对获得国家资助的科研人员强制实施开放存取出版模式，并在图书馆、档案馆等国家可控机构构建开放存取仓储。

（3）中国❷

我国的开放存取运动开展明显落后，但是近些年发展迅猛，无论是国家政策层面，还是民间组织数量，进展明显。

2004年，我国签署《柏林宣言》，承认并支持开放存取模式。2005年，科学信息开放获取战略与政策国际研讨会召开，正式向全国研究人员、出版商、图书馆等人员与机构介绍并鼓励开放存取发表。

在科研群体中，开放存取的认识处于起步阶段，目前主要是论文的

❶ 牛晓宏，马海群. 开放存取的国家宏观政策体系建设研究 [J]. 出版发行研究，2008（4）：54-57.

❷ 何琳，刘芃. 国内开放存取研究述评 [J]. 现代情报，2007（4）：20-22；曲丽丽，徐拥军，孙静，等. 国内开放存取研究述评 [J]. 档案学通讯，2010（4）：7-10.

收集、预印本及数据仓储的构建等工作。就发展而言，我国最早的预印本系统由山东大学高能物理研究室在 1997 年建立，此时功能简单，仅仅是科研成果的共享。此后，多个科研机构陆续构建类似文库，如北京大学创建数学英文预印本库，上海天文台构建了与天文有关的预印本文库，福建省科技信息研究所构建了数字文献馆等。

目前，最有影响力的预印本仓储为中国科技论文在线、中国预印本服务系统、奇迹文库等。

中国科技论文在线（http：//www.paper.edu.cn/）是目前国内唯一一个以开放存取为目的的官方网站，其创建的主要目的是解决我国科研界最常见的论文发表困难、学术交流不通畅等显著问题，同时也为了保护我国自己的知识产权。

奇迹文库❶创建于 2003 年，纯粹由科研人员创建并维护，经济上独立，行政上不依赖任何组织，内容基本覆盖主要的基础学科。

中国预印本服务系统（http：//prep.istic.ac.cn/main.html？action=intro）是由中国科学技术信息研究所与国家科技图书文献中心联合建设的，内容不做任何要求。

需要说明的是，政策的因素对三大系统的发展影响非常关键，如中国科技论文在线的"论文认可"制度，通过让高校认同在其上发表的论文扩大影响力，现在已逐渐成为我国硕士、博士研究生最常见的论文发表平台。可以预见，中国科技论文在线将成为中国的 arXiv 和 PubMed。与此相反，后两者因为文稿内容数量少、质量低等因素而导致发展前景令人担忧。

在开放存取机构仓储建设上，我国的发展非常缓慢。2005 年，尽管很多高校签署了《中国大学图书馆合作与资源共享武汉宣言》，但是最终并没有结果。

---

❶ 赵莉莉．国内两大开放存取系统的对比研究——奇迹文库和中国预印本服务系统 [J]．现代情报，2007（9）：48-50．

在 OA 期刊建设方面，国内显得更为落后，目前在 DOAJ 所收录的开放期刊仅有不到 20 种是中国出版的。根据 ISI 引文库的结果，大陆地区期刊为 5 本，分别为《植物学报》《中国药理学报》《亚洲男科学杂志》《细胞研究》《世界胃肠病学杂志》。另外，虽然我国很多期刊符合开放存取要求，可免费提供期刊的目录或中文摘要等信息，但是因内容过于简单，无法提供足够的信息，现实意义不大。

3.2 我国高校开放存取环境调研

和传统的纸质或电子期刊方式相比，开放存取是一种全新的科学成果交流方式。在科学研究方兴未艾的今天，科研手段、信息获取渠道发生了翻天覆地的变化，新的成果交流方式必然会给科研本身带来很多的机遇。与此同时，由于开放存取期刊的论文发表方式、途径的改变，我国现行的科研认可政策、激励制度等在此方面还有很多空白，必然会有较大的修改。另外，在我国，高校教师是科学研究的主力军，他们不仅是论文发表的主体，也是论文阅读的主体，是开放存取运动的直接参与者和受益者。他们对开放存取制度的感受、认可将决定其在我国开展的活跃度。

真相藏于真实数据，笔者通过在全国重点高校、超过 5 000 名知名教授范围内调研，得到一手相关数据进行上述问题的研究。

为了确保数据的可信与有效，笔者详细分析了调研目的、目标，在社会学研究方法指导下设计调查问卷的结构、构成等问题，进而完成问卷。

3.2.1　调研目的及内容

1. 调研目的

为了了解我国主流高校中科研人员对论文开放存取发表模式的开展程度、开展的主要阻力以及个人观点，借鉴社会学调研模式，设计调查问卷，获取数据，通过分析，研究开放存取在我国开展的可能性、适用方式，从而为将来政策制定提供一定的借鉴。

2. 调研内容

根据开放存取的概念、对象、原因等因素可知，科研人员是开放存取的执行主体，科研论文是行为主体，期刊、网站等是渠道主体，它们共同组成调查问卷的基本内容。从开放存取本身的特征出发可将调查问卷的内容确定为科研人员基本情况调查、科研情况调查、论文发表及获取情况调查、开放存取知识调查、开放存取态度调查五个部分。具体包括个人承担的项目、论文查阅、发表、开放存取基本知识了解渠道、影响因素、开放存取态度等多方面。而这些调查问题在设计问卷时需要做一些处理，尤其是直观化和通俗化。

3.2.2　调查问卷设计

本次调查问卷设计参照社会学调查表的结构、心理学量表模型，❶由前言与正文两个部分组成。前言是向被调查对象阐述调查问题的目的、意义、注意事项、保密协定等，让被调查对象理解本次调查本身，主动完成调查问卷。正文是问卷的核心，由多组问题构成。本次调查问卷中，正文主要是科研人员的基础信息，为了力求信息完整，设计了具有科研特点的调查项目，包括工作年限、项目情况、论文发表情况等。问卷中问题由结构性与非结构性方式共同构成，可以让科研人员不受题

---

❶　汤磊，唐国瑶，陈晓明，等. 在学生评教中的研究生调查问卷表设计思路和研究方法 [J]. 西北医学教育，2003（4）：263-265.

目答案的约束自由回答问题，以便了解更多研究者未曾考虑到的信息。

1. 问卷设计原则

无数实例证明：调查问题的合理设计对调查目的的达成非常关键，对是否能获得合理科学的开放存取观点信息有着重要作用。因此，本次设计遵循以下原则。

（1）基于现有国情制定合适的研究目的和假设

为了确保问题的有效性，问题形式尽量明确，尽可能地收集课题研究所必需的数据。同时，也确保本次的调研对象可明晰了解问卷内容，填写所需要的信息，真实地反映自己的观点。

（2）选择合适的研究对象

由于本次问卷是针对开放存取内容开展的，结合笔者的工作性质，将部属高校中研究活跃的教授选为本次调查的对象。

（3）调查题目完整简洁

根据心理学原理，调查问卷不可太长。同时为了达成调研目的，问卷内容需要全面完整。因此，本次量表内容设计为 10~15 分钟能够完成，避免调研人员产生负面情绪。

（4）难度合理原则

完成度是调查结果分析的核心，因此，在问卷设计时，将问题顺序、难易程度进行适当安排，避免思路经常中断和来回跳动，以符合正常的思维过程。

（5）多项选择原则

根据人类语言特点，选用"非常重要""重要"……"其他"等带有一定模糊性的句式让调研对象来评价所提出的问题，使研究者得到更加准确的调查信息。

问卷设计注意事项：

（1）在语言上，做到规范易懂；

（2）避免问题中的倾向性、诱导性可能；

（3）避免问题中可能的刺激和伤害情感可能。

2. 问卷类型

不同的调查目的与调查对象，问卷的表现形式也不同，主要有开放式问卷、封闭式问卷和混合式问卷三种类型。

开放式问卷主要是为了充分发挥被测者的主动性和自我表现，但是其对被测者的素质要求很高，且标准化程度低，难以进行量化分析。封闭式问卷和开放式相反，多数为选择题，便于填写和统计，不过难以得到个性化答案。虽然本次调查的对象全部为高校教师，素质很高，但考虑到调查问卷的时间紧迫、问卷回收率和有效率等方面因素，本次调查绝大多数问卷采用封闭式类型。

3. 答案格式的选择

在本次的调查问卷的设计中，答案形式有如下几种：

（1）二元选择模式，如是或否的二值模式，要求二选一。

（2）多元选择模式，可以同时选择多个。

（3）排序模式。要求调查人员根据一定标准列出顺序。

（4）填空模式。要求调查人员自己填写空白。

同时，设计中规定了同一道问题所有答案之间应该遵守穷尽性和互斥性两个基本原则。前者是指所列出的答案应包括所有可能的情况。如果确实列举不完，可在后面加上"其他"或"其他（请说明）"之类。后者是指答案内容应不相关。

4. 题目设计

在本次设计问卷过程中，还对题目的内容、排列次序、表述、安排等因素都做过详细考量。总体上，基本原则如下：

（1）从实际出发，针对最关心的问题开展调研，问题难度与复杂度适中。

（2）根据调查对象的文化背景、知识面层次、能力等设计问题，不能因题目的误解而导致错误的结果。

（3）题目的安排按照难易依次递进，切不可让调研人员放弃。

（4）题目的安排还考虑了完成所需的时间因素，保证答题的顺利。

（5）题目表述单一。

（6）题目表述要具体化。

（7）题目表述要通俗、准确，文字要简短。

（8）避免用诱导性或倾向性的用语来表述问卷中的题目。

（9）文字表述真诚、温和，使调查人员能够如实回答。

3.2.3　调查问卷

请见附录。

3.3　数据统计与问题

考虑到开放存取活动涉及的人员主要是科研人员，而且是理论为主的科研人员。因此，在中国科技论文在线工作人员的帮助下，将调查对象定位为 5 000 名全国重点高校的一线科研教师，职称分布为：初级，1 000 名；中级，1 000 名；副高级，2 000 名；高级，1 000 名；这些人均匀分布于各大学科。

最后共返回有效调查问卷 1 846 份，回收率为 36.92%，达到调查问卷的统计要求。需要指出的是，返回问卷的调查人员有部分问题没有给出选择，在图中列出的是"空白"项，不代表任何观点。

下面详细列出各项统计结果，表现形式为图或表，并开展深入分析。

3.3.1　有效调查对象分析

调查对象是回答问题的主体，每个调查结果是具体调查对象在自己立场上做出的判断和选择，因此，调查对象的背景是影响调查结果的主要因素。对本次调查来说，笔者最关心的是调查结果的可信性、代表性和推广性，因此很有必要了解调查对象的基本信息，如重点需要了解调查对象的性别、年龄、学历、职称、职务、职业、专业、使用网络情况、发表文章情况等个人信息，进而对调查结果的效度进行评价。

图 3-1 显示的是有效回收调查对象的性别分布情况，可以看出，男女差别很大，男性占绝大多数，有 1 377 人，占总有效人数的 73.9%。其主要原因之一是原始调查对象中男女比例有较大差别，男性占60.2%，女性是 39.8%。可能是目前虽然高校中女性比例较多，但是从事科研性质工作的人员较少。

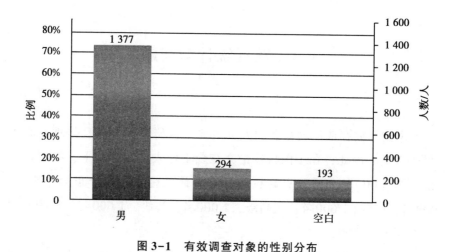

图 3-1　有效调查对象的性别分布

Fig. 3-1　The gender distribution of the effective research objects

图 3-2 显示的是有效调查对象的年龄分布，可以看出，30~40 岁的人数最多，有 873 人，占 46.8%。40~50 岁年龄段和 30 以下年龄段的人数相差无几，都是 380 人左右。50 岁以上的人数非常少，只有 151人，还有很少一部分人没有填写年龄。从图中可以看出，回收的有效问卷 87.8% 是 50 岁以下人填写的，考虑到他们是我国高校中科研力量的主力军，他们的开放存取观点将能够代表高校科研队伍对开放存取的态

度，从而在一定程度上保证了调查结果的可信度。

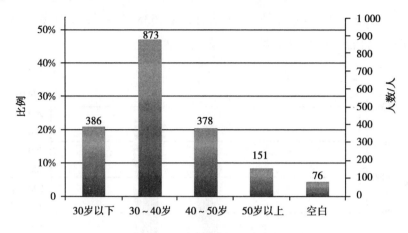

图 3-2 有效调查对象的年龄分布

Fig. 3-2 The age distribution of the effective research objects

图 3-3 是本调查中有效调查对象的学历分布，可以看出研究生以上学历共有 1 402 人，占总人数的 75.2%。可以看出调查对象的科研水平、科研素质较高，如果说开放存取在我国开展的进度，他们的态度、看法将非常关键。

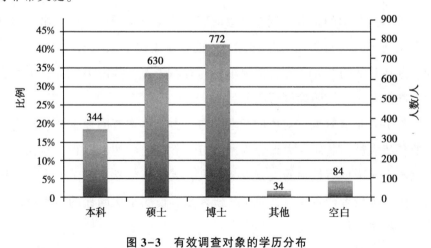

图 3-3 有效调查对象的学历分布

Fig. 3-3 The qualification distribution of the effective research objects

图 3-4 表示的是有效调查对象的职称分布，可以看出最多的是高级职称，有 865 人，其次是中级职称，有 638 人，共占有效人数的 80.6%，符合开放存取主要影响对象的条件。

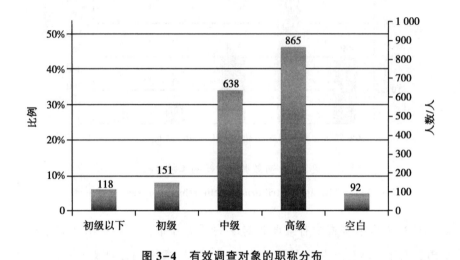

图 3-4　有效调查对象的职称分布

Fig. 3-4　The title distribution of the effective research objects

图 3-5 显示的是有效调查对象的职务分布，从图中可以看出，明确填上正处级的有 369 人，占 19.8%；选择副处级的人只有 17 人，非常少。选择其他的有 814 人，不加填写的有 663 人，共占 79.3%，绝大多数人都没有职务或明确填写职务。

图 3-6 是有效调查对象的职业分布，由于本调查问卷主要针对高校中的科研人员，其对象大致分为两部分：教师、学生和其他。从图 3-6 可以看出明确填写教师的人数为 890 人，大大高出学生的 126 人，其他主要为医师或者行政人员，属于科研体系，说明本次问卷的结果可以反映主流科研人员的态度。

图 3-7 是有效调查对象的单位分布，这个结果也是意料之中，以科研院校为主，还有少部分的人属于附属医院。

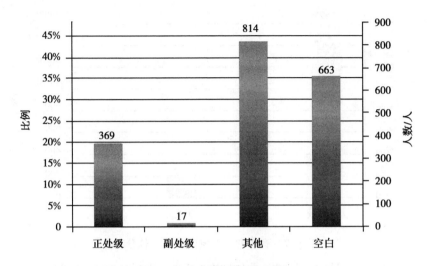

图 3-5   有效调查对象的职务分布

Fig. 3-5   The office distribution of the effective research objects

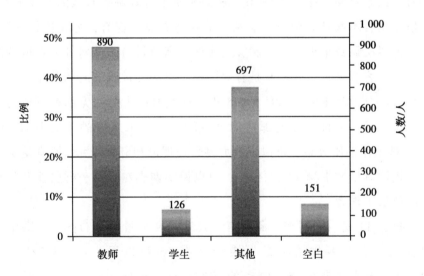

图 3-6   有效调查对象的职业分布

Fig. 3-6   The professional distribution of the effective research objects

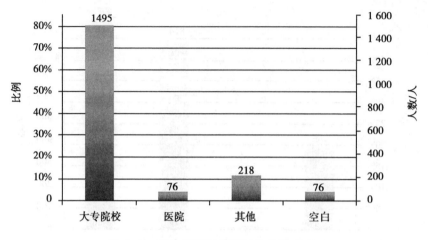

图 3-7　有效调查对象的工作单位分布

Fig. 3-7　The work units distribution of the effective research objects

就调查对象的工作方面，进行了科研时间、科研性质和专业情况的调查，结果见图 3-8~图 3-10。图 3-8 属于有效调查对象的专业分布，可以看出，本次有效调查对象基本上在各专业上都有，分布比较均匀，可以说本次调查结果基本上能够反映整个高校科研人员对开放存取的态度，比较客观公正。图 3-9 是有效调查对象从事科研的时间分布，可以看出大部分人从事的时间是 5~15 年，这类科研人员一方面是科研的中坚力量，另一方面能接受那些能为科研本身带来好处的新的事物。图 3-10 是工作性质分布，可以说绝大多数是理论和应用研究，既有论文之需，也强调论文本身交流的作用，可以说明调查对象是一群关注开放存取的科研工作者。

图 3-11 是有效调查对象近三年发表论文数量的分布图。从图中可以看出，绝大多数情况是发表论文在 15 篇以下，有 1 327 人，占 71.2%。论文发表在 15~30 篇的有 336 人，占 18.0%，另外，对有效调查对象的论文发表总量进行调查，结果如图 3-12 所示。从结果可知，20 篇以下的有 1 385 人，占 74.3%，20~40 篇的人有 319 人，占 17.1%。

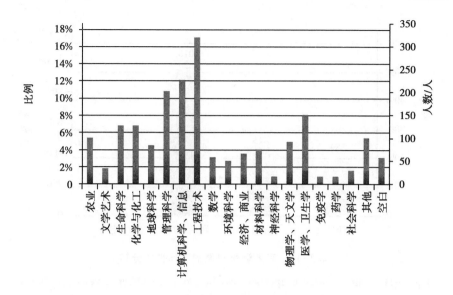

图 3-8　有效调查对象的专业分布

Fig. 3-8　The discipline distribution of the effective research objects

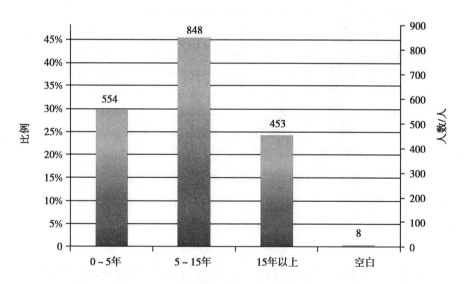

图 3-9　有效调查对象从事科研时间分布

Fig. 3-9　The research time distribution of the effective research objects

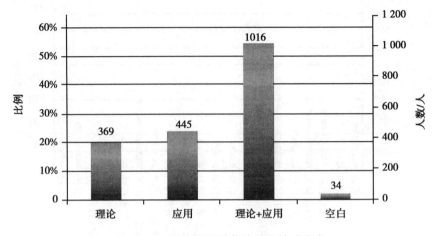

图 3-10　有效调查对象的工作性质分布

Fig. 3-10　The research properties distribution of the effective research objects

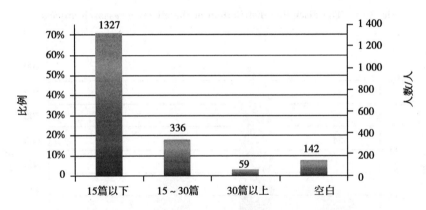

图 3-11　有效调查对象三年内发表论文数量分布

Fig. 3-11　The number distribution of published papers of
the effective research objects in the three years

　　从图 3-11 和图 3-12 可以看出，本次有效调查对象中基本上都直接从事科学研究，都经历过论文写作。他们对论文发表感受非常直接，对论文发表的态度具有典型的代表性。

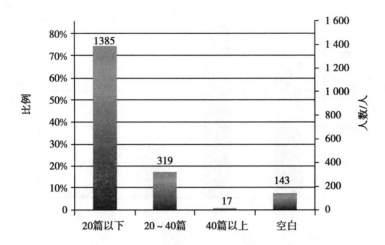

图 3-12　有效调查对象发表论文总量分布

Fig. 3-12　The total number distribution of published
papers of the effective research objects

考虑到开放存取模式只有借助于网络才能充分发挥其优势，因此，网络的使用情况在某种程度上也决定了研究人员是否接受开放存取模式的一个标记。图3-13、图3-14显示的是调查对象网络使用情况分布，可以看出绝大多数调查对象都会使用网络，有近半数人甚至都已有或者打算构建自己的个人网页，这些都为开放存取运动的开展打下了良好的基础。

开放存取运动给科研人员带来版权自主拥有的同时，也要求一线科研人员付出相应的经济代价。而项目是高校科研人员主要的经济支撑，在目前欧美等开放存取模式开展得比较成功的地区，由开放存取模式带来的经济问题绝大部分是由项目形式解决。因此，对科研人员的项目情况进行调查非常必要。主要调查点包括：是否主持过项目、项目性质、项目来源及项目经费情况等，结果如图3-15~图3-18所示。从图可知，有1 243人主持过项目，占66.7%，有一半以上的人主持过省市级

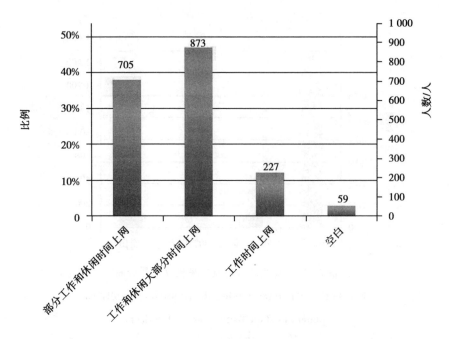

图 3-13　有效调查对象使用网络情况

Fig. 3-13　The survey of network utility of the effective research objects

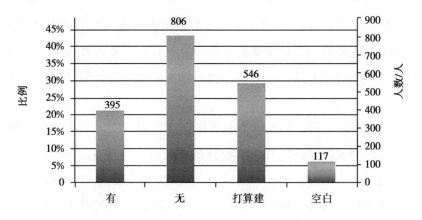

图 3-14　有效调查对象个人网页搭建情况

Fig. 3-14　The survey of personal webpage of the effective research objects

以上的项目，其中有 445 人主持过国家级项目，占 23.9%。就项目性质来说，有 890 项可以公开，403 项部分涉密。如果从项目催生成果的角度来说，大部分可公开的项目成果可以有条件成为开放存取的原材料。令人担忧的是在所有的有效调查对象中，有 831 人的项目经费在 50 万元以下，占 44.6%，应该说不太充足，如果进行开放存取的推广，这可能会成为一个不利的因素。

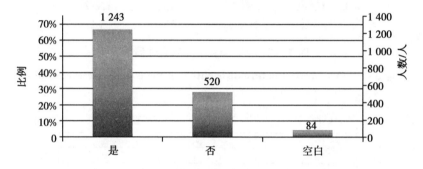

图 3-15 有效调查对象项目主持情况

Fig. 3-15 The PI program distribution of the effective research objects

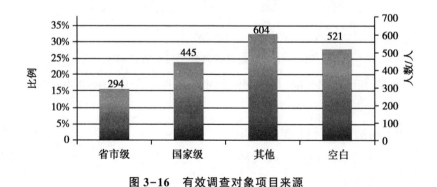

图 3-16 有效调查对象项目来源

Fig. 3-16 The project source distribution of the effective research objects

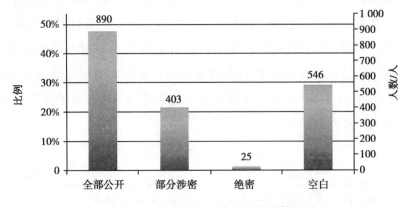

图 3-17　有效调查对象项目性质情况

Fig. 3-17　The project nature distribution of the effective research objects

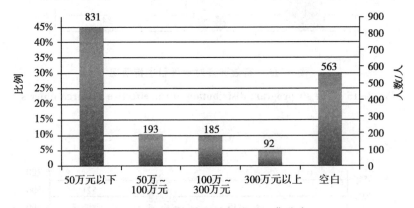

图 3-18　有效调查对象项目经费分布

Fig. 3-18　The project funds distribution of the effective research objects

从上述数据统计结果, 可知:

(1) 本次有效调研对象大部分为男性, 符合目前在学术界、科研界的性别分布事实。

(2) 本次调研的对象从年龄分布、职称分布、学历分布、职业分布、论文发表情况上看, 他们是科研的主力军, 尤其是基础科研, 他们是目前高水平科研成果的主要来源，他们对开放存取的态度、观点很好地代表了当下的主流意见。

（3）从本次有效调研对象的职务分布、网络使用情况等指标来看，他们不仅活跃在科研一线，而且极好地利用网络平台，扩大本身科研与外界的接触面，接受新兴事务能力强。

（4）从本次有效调研对象的承担项目情况来看，涉密或绝密很少，大部分研究内容可公开，具有较好的开放存取基础。

3.3.2 高校科研人员的科技论文发表模式认可分析

1. 传统期刊发表模式认可调查

期刊是论文发表的直接载体，也是传统科学研究中思想交流的媒介。科研人员通过购买纸质期刊，一方面实时掌握所在领域的发展现状和进展，另一方面了解所在领域的研究人员，便于在科研过程中交流和沟通。

因此，本次调查中，专门作了中文期刊、外文期刊的购买、价格观点等方面的调查，结果如图 3-19～图 3-22 所示。

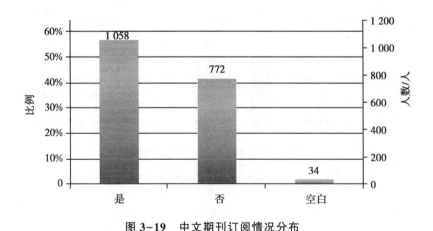

图 3-19　中文期刊订阅情况分布

Fig. 3-19　distribution of Chinese periodicals subscription

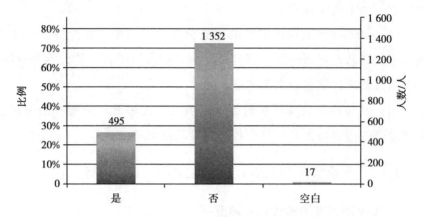

图 3-20　外国期刊订阅情况调查

Fig. 3-20　Survey on the attitude of foreign periodicals subscription

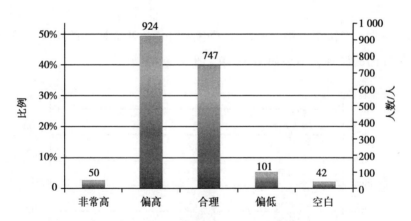

图 3-21　中文期刊价格态度分布

Fig. 3-21　The attitude to Chinese Journal price

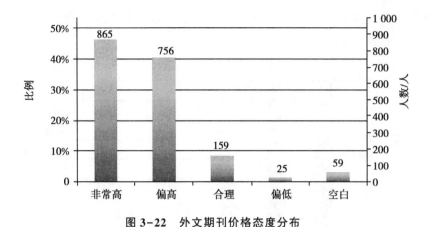

图 3-22　外文期刊价格态度分布

Fig. 3-22　The attitude to foreign journal price

从图中可知，就期刊订购而言，中文期刊的订阅人数有 1 058 人，远远多于外文期刊订阅的 495 人。其原因可能是中文期刊价格态度只是"偏高"，而外文期刊价格态度是"非常高"。

本次期刊特点的调研完全是分析现有收费期刊的特点，因为调研对象主要来自高校，而大部分高校都购买了相关领域的国内外主流数据库，他们对购买期刊的实际需求并不十分迫切。从数据统计结果可知：绝大部分研究人员都认为现行的收费期刊价格过高，尤其是外文期刊。所以，表现出来的结果是研究人员有意向订阅的中文期刊明显高于外文期刊。

2. 新型科技论文发表模式认可调查

科研论文是科研交流的一个手段，是在科学研究中自然产生的成果之一。研究人员可通过撰写科技论文，阐述其在科研上的创新、发现和感受，可以说论文既是科技工作者工作的高度凝练，也是外界衡量和评价科技工作者能力的重要依据。本调查通过对科技工作者的论文发表态度的调查，分析他们对待论文的态度。主要着眼点是：论文重要性、论文发表数量、论文发表类型、网络媒体发表态度以及网络媒体发表情况等进行调查，结果如图 3-23～图 3-27 所示。

从图 3-23 可以看出，认为论文很重要、科研必须成果的人占绝大多数，共有 1 445 人，占 77.4%，说明论文的成果方式得到了绝大多数科研人员的认同。

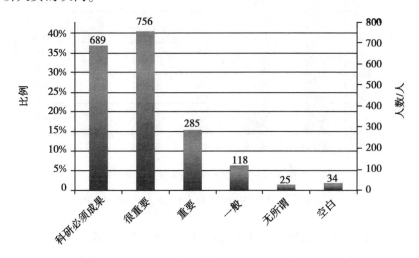

图 3-23　论文重要性调查

Fig. 3-23　Survey of the importance of papers

图 3-24 是论文发表数量的调查结果，从图中可以看出两点：一是多数人发表论文的数量在 1~10 篇，二是无论在哪个数量段，中文论文的发表数量都比外文论文的发表数量要多。这说明在开放存取平台主要是外文的情况下，中国开放存取运动的道路还很长，需要做的工作还很多。

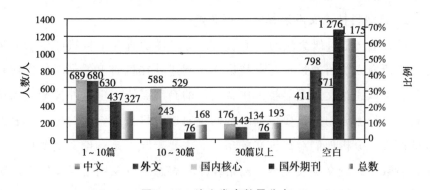

图 3-24　论文发表数量分布

Fig. 3-24　Distribution of the number of published papers

　　图 3-25 是论文发表类型的分布情况，可以看出发表论文的形式多种多样，有原稿、会议论文、研究报告、计算机软件成果等。其中，绝大多数是论文原稿的形式，有 697 人，占 37.4%。

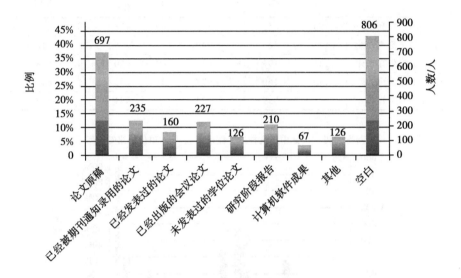

图 3-25　论文发表类型分布

Fig. 3-25　distribution of paper publication type

　　表 3-1、图 3-26 显示的是调查人员网络媒体发表态度调查结果。可以看出，在经常发表的网络形式中，网络期刊是最受欢迎的形式，中国科技论文在线、本单位知识库和个人网页选的人一样多。偶尔发表的网络形式中，中国科技论文在线一枝独秀，选择的数量是第二名网络期刊的 2 倍还多。在将来的发表意向中，四种形式没有太大的差别，但依然是选择中国科技论文在线的人最多。由此尝试得出如下结论：网络期刊是目前最受欢迎的网络发表形式，如果中国科技论文在线的认可度得到提高，其上升潜力很大。

表 3-1　网络媒体发表作品态度调查结果

Tab. 3-1　Survey of article published by several internet units

单位：人

	经常	偶尔	否，将来可能会	否，从来没有打算	空白
网络期刊	185	252	873	118	437
中国科技论文在线	143	563	940	8	210
本单位网络知识库	143	193	680	260	588
个人网页	143	160	697	252	613
其他网络媒体	8	59	25	84	1688

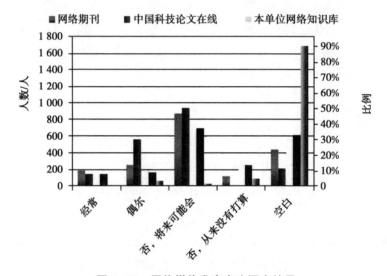

图 3-26　网络媒体发表态度调查结果

Fig. 3-26　Survey of the attitude of internet publishing

图 3-27 是网络媒体的发表情况，可以看出，发表最多的是论坛，其次是国外非常著名的知识仓储 ArXiv 网络和中国期刊网。

本项分析是本次调研的核心内容之一，从统计结果来看，高校的主流研究人员无论是在考核要求，还是在研究规律约束下，都发表过多篇论文，经验丰富。但是，发表在开放存取平台或期刊上的很少，这显然与国内的认可机制有关，大到职称评聘中的认可、项目评审中的认可，

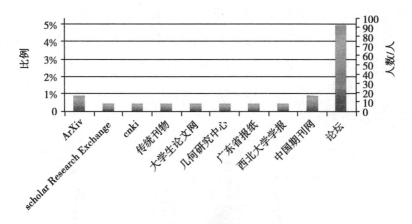

图 3-27 网络媒体发表情况调查

Fig. 3-27 Survey of the internet publishing

小到硕士、博士研究生毕业时的学位论文认可。

然而，现在国内的科研评价体系正在发生巨大的变化，由论文数量转向论文质量，而不少开放存取期刊无论是影响因子，还是编辑质量都有较大的吸引力。因此，可以预期，一旦认可机制发生改变，这种现象将会发生积极转变。

3.3.3 科技论文开放存取发表环境分析

本调查的第三大主要内容是调查科研人员对开放存储知识的了解程度和对开放存取态度。期望通过该调查，了解开放存取在全国科研人员中的地位、实施的障碍、可能性及操作层次上的一些政策问题，为政策制定者制定符合中国国情的开放存取政策，为中国开放存取运动的蓬勃发展提供政策上的保障。

1. 科技论文开放存取概况分析

本次主要调查以下内容：所在专业的免费资料情况、影响获取学术文献的障碍、是否知道 OA、了解渠道及是否了解 OA 的基本特点。前两个调查问题的目的是调研被调查对象了解 OA 的机会，后面三个问题是调研研究人员的开放存取基本素质。结果如图 3-28~图 3-32 所示。

图 3-28 显示的是被调查对象所在领域中开放存储科研资料情况的调查结果，从图中可以看出，科研论文和免费数据库两种类型的资料比较多，而源码和技术报告相对而言比较少，这在某种程度上得益于开放存取运动的开展。

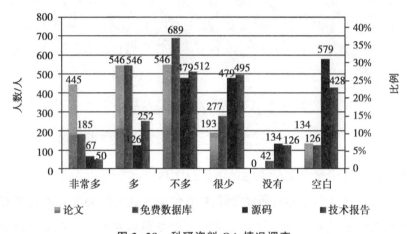

图 3-28　科研资料 OA 情况调查

Fig. 3-28　OA survey of research data

图 3-29 表示的是获取文献中的障碍因素调查结果，可以看出，印刷文献的最突出问题是收费太贵，电子文献和中文文献最突出问题是资料太多，难查到真正有用的资料。英文文献对中国人来说存在一定的语言障碍，以上列出的问题都存在缺乏有效的查阅文章的技术和途径。所以，对开放存取资料来说，重点需要解决的问题是如何在众多的资料中找到有用的资料。

图 3-30 是 OA 概念普及调查，从图中看出不知道 OA 的人有 940 人，高出知道 OA 调查对象的 663 人，另外，在没有填写的 260 人中，应该有大部分人不知道 OA 概念，因此，可以得出如下结论：在中国，大多数科研人员不知道 OA 概念，要想在中国开展推广 OA 理念，需要克服众多的困难。

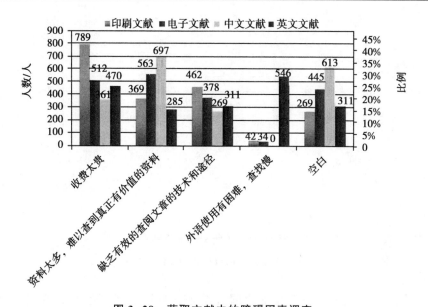

图 3-29 获取文献中的障碍因素调查

Fig. 3-29 Survey of the obstacles factors in literature collecting

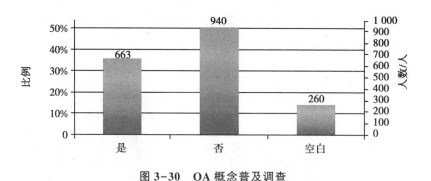

图 3-30 OA 概念普及调查

Fig. 3-30 Investigate of concept OA survey

图 3-31 是了解 OA 渠道的调查结果，从图中可以看出，主要渠道是论文和网络，分别有 479 人和 403 人，看来这两者对科研人员的影响最大。真正从事 OA 工作的人只有 42 人，相当少。当然还有部分人从同事或其他别处了解。因此，可以得出，要想很好地宣传 OA 运动，一定要借助论文和网络的途径，尤其是后者。

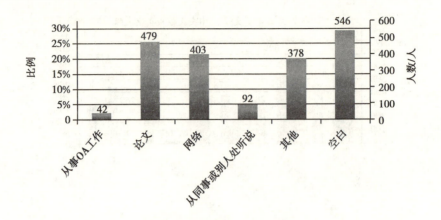

图 3-31　了解 OA 渠道调查

Fig. 3-31　Survey of knowing OA

　　图 3-32 是 OA 特点普及的调查结果，从图中可以看出，在已了解的人群中，更多了解的是 OA 的免费和完整性特点，相对而言，对作者自己支付出版费的特点知道的人较少，这点在"不知道"的这一选项中再次得到证明。而作者支付出版费是 OA 的首要前提，要想 OA 深入人心，这方面需要大量的宣传。

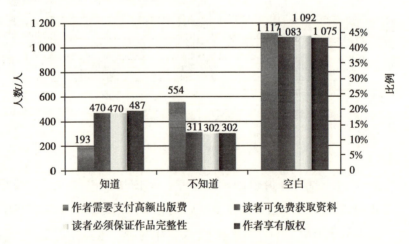

图 3-32　OA 特点普及调查

Fig. 3-32　Survey of OA characteristics generalized

　　本项调研是本次调查的另外一个核心内容，反映主流研究人员对 OA 事务的深度理解。从上述统计结果可以看出，目前最致命的是大部分研究人员关注的还是主流收费期刊，对 OA 模式知之甚少。那些知道的研究人员了解的渠道是论文和网络，可以说是专业途径。值得欣慰的是，一旦知晓 OA 发表模式，则其优缺点都比较明确。因此，后面首要的工作是宣传 OA 发表模式。

2. 我国科技论文开放存取现有政策分析

　　OA 要想在我国得到很好的开展，不仅需要科研一线人员了解 OA 基础知识，进而支持 OA，而且要政府在一定程度上调整宏观政策。因此，本次调查也安排了一定的内容，试图了解科研人员所关心的 OA 宏观政策方向，通过分析相关数据，给出相应的建议。

　　本次这一方面的调查内容主要有：论文版权重要性、版权出让是否知情、影响投稿的 OA 期刊特点、OA 收费范围、OA 认可度、OA 费用分配以及一些 OA 文章指标的认同感。结果如图 3-33～图 3-39 所示。

　　图 3-33 是版权重要性的调查结果，可以看出，认为很重要和重要的共有 1 554 人，占总人数的 83.3%，可以说明绝大多数人都很看重版权。

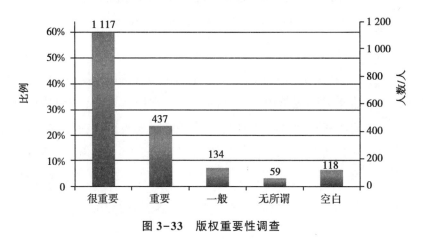

图 3-33　版权重要性调查

Fig. 3-33　Survey on the importance of copyright

　　图 3-34 是传统出版方式下版权出让的调查结果，从图中可以看出，由于需要签署出让协议，近 40.5% 的人知道版权已经出让。有 386 人很清楚版权已经出让，并且认为是必需程序。尽管如此，依然有 613 人填写了不知道，占 32.9%，是个不小的群体。

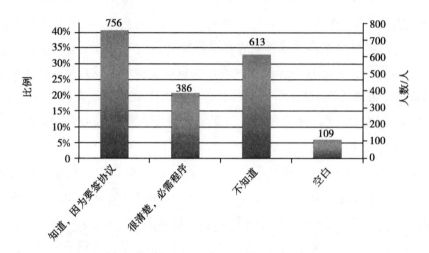

图 3-34　传统发表中的版权出让普及调查

Fig. 3-34　Survey on the popularization of copyright

assignment in the traditional publishing

　　图 3-35、表 3-2 是 OA 期刊中影响作者投稿的因素分析调查结果，可知，在非常重要的因素中，期刊的声誉级别排名第一，影响因子排名第二，是否容易被录用这一因素相对而言填写人最少。在比较重要的因素中，出版周期选的人最多，在线投稿方式排名第二，声誉级别相对填写人较少。各个因素大致排名是：期刊声誉、影响因子、收录情况、出版周期、容易被录用、在线投稿方式、不收发表费用、本单位激励机制、本单位考核要求。

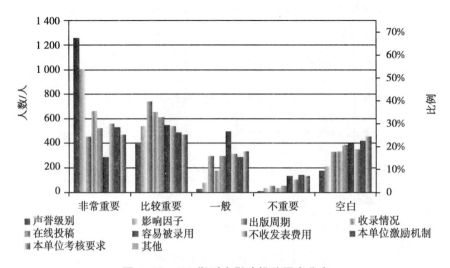

图 3-35 OA 期刊中影响投稿因素分布

Fig. 3-35 Survey of the impact factors on OA journal submission

表 3-2 OA 期刊中影响投稿因素调查结果

Tab. 3-2 Survey of the impact factors on OA journal submission

单位：人

	非常重要	比较重要	一般	不重要	空白
声誉级别	1 259	395	25	8	176
影响因子	1 008	537	76	34	210
出版周期	453	739	294	50	327
收录情况	663	655	176	34	336
在线投稿	521	613	294	50	386
容易被录用	285	546	495	134	403
不收发表费用	563	537	311	101	353
本单位激励机制	529	487	285	143	420
本单位考核要求	470	470	336	134	453

图 3-36 显示的是 OA 收费范围调查情况，可以看出，在所填写的人中，有 411 人认为应收取与同档次期刊的版面费，认为高于和低于同

档次期刊的版面费的人差别不大，都有 120 人左右。

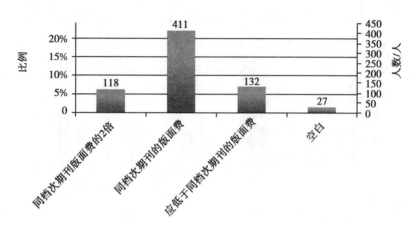

图 3-36　OA 收费范围调查

Fig. 3-36　Survey of price range of OA journal

　　图 3-37 所示的是若 OA 论文被单位激励机制认同，作者的文章发表意向的一个调查结果。可以看出有 823 人选择了投向 OA 期刊，因为拥有了版权，有 336 的人也选择投向 OA 期刊，理由是拥有版权非常重要。选择投向 OA 期刊的共有 1319 人，远远多于投向传统期刊的 302 人。因此，OA 作品的认可问题在一定程度上决定了科研人员的投稿倾向，非常关键。

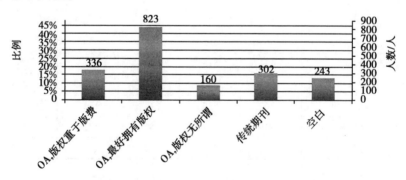

图 3-37　OA 承认调价下的论文发表意向调查

Fig. 3-37　Survey of publishing intent on the condition of OA price adjustment

　　图 3-38 显示的是部分开放存取观点的调查结果，可以看出完全赞同的人中，认为科研成果首先在国内发表交流的人最多，有 772 人，占 41.4%，其次是认为引用率是评价论文的指标，有 487 人。在比较赞同的选项中，认为引用率是评价论文指标的有 798 人，占 42.8%，其次是认为 SCI 是评价文章的指标，有 772 人，占 41.4%。目前，大部分科研人员认为论文应该在国内交流，且以 SCI 索引、引用率为评价指标。考虑到目前 OA 期刊主要在国外，国内期刊难以被 SCI 检索的情况，笔者认为要想在国内很好地开展开放存取运动，优秀的国内 OA 期刊非常关键。

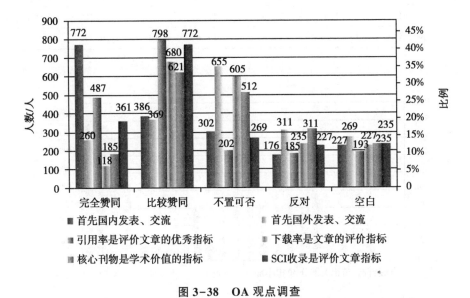

图 3-38　OA 观点调查

Fig. 3-38　Survey of view point of OA

　　表 3-3 和图 3-39 是 OA 费用承担源的调查结果，可以看出，认为应全额负担的主体中，科研机构和政府排在第一、第二的位置，认为单位、政府、科研机构应承担大部分费用，个人和个体读者承担小部分费用或不负担费用。目前 OA 的费用中，主要承担者是作者本人，与本次调查结果恰恰相反。考虑到费用是 OA 和传统发表方式的主要差别，因

此可以推出，在我国推行 OA 发表方式需要很多的路要走。

表 3-3　OA 费用承担源调查结果

Tab. 3-3　Survey of OA cost source

OA 费用分配	全额负担	负担大部分	负担小部分	不负担	不知道	空白
作者	3.6%	5.0%	38.3%	26.6%	3.2%	23.4%
单位	7.2%	30.6%	17.1%	14.0%	3.2%	27.9%
个体读者	1.8%	6.8%	23.4%	27.9%	4.1%	35.1%
图书馆	5.9%	17.1%	23.0%	13.1%	3.2%	37.8%
企业	5.9%	18.5%	18.0%	8.6%	7.2%	41.9%
科研机构	12.2%	30.2%	17.1%	5.4%	4.1%	31.1%
政府	11.7%	30.6%	12.2%	7.2%	4.1%	34.2%
学会组织	3.2%	14.4%	17.6%	16.2%	6.8%	41.9%

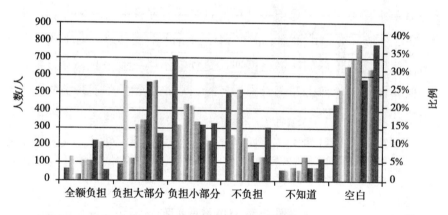

图 3-39　OA 费用承担源调查

Fig. 3-39　Survey of OA cost source

本项调研内容是本次调研的核心，从统计结果可以看出：

第一，绝大多数研究人员认为版权非常重要，所以他们潜意识的第一选择为在国内发表论文。

第二，国内发表的论文需要得到全社会的认可。事实上，目前期刊影响因子是被认可的最重要因素，所以也被研究人员最为认可。

第三，在费用上，比较认同的观点是等同纸质期刊的费用，且研究人员最认可由机构承担。

综上，我国高校主流研究人员具有一颗"把成果写在祖国大地上"的心，只要求被承认和认可。

3.4　我国高校开放存取的对策

本次调查借助教育部中国科技论文在线管理平台，向其符合特定要求的有效注册用户发出了调查邀请，所有调查结果都是一手资料，绝对真实、可靠。在挑选调查对象的时候，主要考虑了性别比例、专业比例、年龄分布、研究时间等因素，尽量让调查结果能反映国内科研人员的基本情况，其中的观点也能代表科研一线人员的基本态度。

虽然大部分调查问卷没有返回，但从返回的有效调查结果来看，基本上达到了本次调查的目的。年龄分布见图 3-2，可以看出，有效调查对象以 30~40 岁为主，40~50 岁年龄段和 30 岁以下年龄段为辅，前者是科研的主力群体，他们的经历、态度具有典型的代表性，调查结果具有很高的可信度。

专业比例分布如图 3-8 所示，从中可以看出本次有效调查对象分布在各主流学科，他们的一些观点基本上代表了各个学科科研人员的态度，比较公正。

研究时间分布如图 3-9 所示，大部分人是在 0~5 年、5~15 年和 15 年以上的人差别不大，说明有效调查对象正处在一线科研状态，其要求具有相当的典型性。

以上这些调查人员的基本数据保证了本次有效调查对象的典型分布，确保了数据的可靠、可信，由此得出的观点公平，典型。

1. 开放存取具有较好的环境，需要好好利用

开放存取运动的开展过程中，环境因素非常重要。环境因素分为两个部分：客观环境和主观人为环境。通过本次调查结果来看，我国的这两个因素虽然目前改进和提升已很多，但是，仍有很大的改进空间。如客观环境中的 OA 平台因素，我国有中国科技论文在线这一政府开放存取发表平台，尽管目前这一平台的论文质量、论文数量有待改进，但是依靠强大的高校科研团队和教育部的行政政策影响，其发展空间巨大。就人为因素而言，主要是开放存取运动观念的深入人心，不过从本次 OA 观点的调查中，大多数科研人员选择的是先在国内发表交流，可以看出国内学术交流得到广大科研人员的认可，只要对 OA 政策进行具体化和明确化，OA 观念应该会被绝大多数科研人员认可。

另外，就传统的 OA 期刊而言，我国也有很好的条件。现在，全国大部分期刊依靠事业单位的财政资金在运转，很容易通过行政手段进行统一管理。从网络发表的调查，绝大多数研究人员选择"中国科技论文在线"，说明绝大多数科技人员的网络发表需求较大。

2. OA 基础知识普遍比较薄弱，需要加大宣传

开放存取在我国来说还不是非常普及，尤其是其基本知识和特点。这从本次 OA 方面的调查结果就能看出。如在图 3-30 的 OA 概念普及调查结果中，不知道 OA 的人占 50.5%，而知道 OA 概念的人仅仅只有 35.6%，另外，可以推断出，在没有填写的人中，不知道 OA 概念的应占大多数，因此，可以得出结论：在我国高校中，OA 运动普及远远不够。

另外，从图 3-32 中 OA 特点普及的调查结果可以看出，对 OA 的免费获取和完整性传播了解最多，而对作者付费保留版权的核心特点知之甚少，这说明他们知道 OA 是个自发的过程，出于渴求资料的需要，而不是从版权角度来了解 OA，过多地注意到了自己的权利，忽视了 OA 过程中作者应承当的相应义务和责任，可以说是一种自下而上的过程，因此，要想人人拥护 OA，让 OA 观念深入人心，加入 OA 运动，需要做大量正式的宣传。

3. 加强开放存取意识，强化开放存取理念

开放存取的核心是资源的开放共享，背后的保证是读者付费保有版权。因此，若想将 OA 活动顺利地开展下去，版权的保护工作必须先行到位。从本次的调查来看，一方面大部分科研人员对 OA 的特点不是很了解，对 OA 的四大特点（作者付费、免费获取、完整保存和作者保有版权）知道的人仅仅只有 10.4%、25.2%、25.2%、26.1%，绝大部分人选择了不知道或者没有填写。需要注意的是，对作者付费的核心特点了解的人仅有 10.4%，相当少。

从后面的 OA 费用承担源的调查结果来看，认为需要作者全额负担的人仅有 3.6%，更多的人选择了政府和科研机构。这点在负担大部分费用的选项中也得到体现，选择作者负担大部分费用的人也只有 5%，而选择政府、单位和科研机构的分别有 30.2%、30.6%、30.6%。更多的科研人员认为个人负担少部分费用或不承担费用，选择的人分别有 38.3% 和 26.6%。这说明大部分科研人员认为自己的科研成果应该是国家负责付费保留。

比较有趣的是，在版权重要性的调查中，绝大多数的人选择了版权很重要，共有 1 554 人，占总数的 83.3%，如果和上述费用调查结果相结合，其现象非常难以解释，唯一可以说明的是科研人员对版权的保留还没有实质性的了解，对其意义也没有很深刻的认识。这也可以说 OA 意识还没有深入人心。

4. 中国科研人员需要加强交流，需要提供交流平台、丰富交流方式，提高科研实力

对于学术交流方面，笔者认为有如下几个暗含的问题：交流的态度，对交流对象的看法，现有的交流环境，等等。

对第一个问题而言，应该来说一个纯粹的科研人员是不会反对交流的，更多的只是交流方式上的区别。问卷中"OA 观点"的第一和第二问答就是试图调查这方面问题。令人欣喜的是科研人员给出了一个和现实完全相反的结果。在调查中，赞同论文应首先在国内发表交流的人有62.7%，反对的人只有 9.5%，而赞同论文首先在国外发表的只有33.8%，反对的占 16.7%，这和现实中主要科研论文发表于外刊的现象非常不符合。因此，仔细分析其间的原因，大致有以下两点：一方面是国内的考核机制，很多单位对科研人员成果的考核更看重国外期刊的成果；另一方面是国外期刊的质量高于国内期刊，业内认可度较高。

科研交流从一定意义上说就是论文共享，论文是科研人员的科研观点和态度，科研人员通过论文让世界同领域人员了解自己，认同自己。我国自古就有"以文会友"的优良传统。就交流对象态度来说，笔者认为国内的科研人员认为交流非常重要。这从对科研人员开展的论文重要性调查可以看出。共有 77.4%的科研人员认为论文是科研的必须成果，非常重要。这说明科研论文是科研活动的一个结果，这已成为本次调查中绝大多数科研人员的一个共识。

就交流环境而言，目前更多的开放存取论文是英文撰写，对科研母语是中文的我国科研人员来说不是非常有利的，不利于顺利有效的交流；因此，为了让 OA 运动在我国更好地开展，满足国内大部分科研人员的要求，应该构建高水平 OA 交流平台，丰富交流方式，提高科研人员的专业水平。

5. 需要加强 OA 政策支持

开放存取既是一种科研人员的科研态度与环境，又是一种科研政策与制度。科研人员在认同开放存取的同时，希望国家在政策层面上也认可开放存取，让科技人员免除后顾之忧。本次调查中的很多调查点都布置了这样的问题，如影响投稿的 OA 期刊特点、OA 获得承认后的投稿趋向、OA 观点以及 OA 费用分配等。从调查结果来看，科研人员在每点上都希望国家给予一定的支持和帮助。如在影响投稿的 OA 期刊特点的调查中，本单位的考核要求和激励机制这两项都得到了不少研究人员的响应，分别为 54.5% 和 50.4% 都认为它们很重要。有 62.1% 的人认为他们将会投给 OA 期刊，想拥有版权，这比传统期刊的 16.2% 的支持者要高出很多。

就 OA 的核心——发表费用的调查来说，绝大多数研究人员不约而同地选择了政府、科研机构和单位。这说明政府确实需要在 OA 发表费用中承担一定的责任，更重要的是需要扶持开放存取运动，宣传开放存取政策。

综上所述，现在开放存取运动急切需要的政策主要如下：

（1）制定适当的 OA 发表认可政策，包括高校科研人员的职称评定、晋升，项目的验收和鉴定中的认可。目前，多数科研活动主要围绕两个中心在开展，一是项目，二是职称，只要是有利于这两方面任一方面的因素，科研人员都愿意去研究。如什么期刊的论文被承认就投什么样的期刊，什么样方式的论文被认可就写什么样的文章，它们的导引性太强，影响太大，如果不解决这两点中的认可问题，开放存取活动在我国很难大面积开展、推广。另外，现在的科研活动中，目的性、功利性较强，单纯以科研交流的目的吸引优秀人员参加不是很容易，因此需要政策上给予一定的支持。

（2）经费上给予一定的支持。目前，两个层次上需要经费支持，一个层次是可类比于美国 NIH 机构的政策，即凡是申请得到 NIH 资助的项目结果必须以 OA 形式提交。可以在现有的基金中划拨部分成立一个 OA 项目基金，资助那些支持 OA 形式的科研人员。另一个层次是直接划拨用于 OA 活动的资金，用于资助国内的 OA 发表、讨论等一系列费用。

（3）构建高水平 OA 平台。在国外，很多高水平期刊、仓储都是科研机构、科研人员自己搭建，众所周知，这些都是需要很强的经济支撑的，但在国内，公益基金非常少，即使有个人或单位愿意做此类事情，经费的欠缺也让其知难而退。如果不考虑经济因素，私人或单位构建的OA平台一方面有很多的政策限制，另一方面其公信力也受到很大的质疑。因此，考虑到现在我国科技期刊都有主管、主办单位的条件下，由国家承办构建OA平台，不仅有很便利的条件，而且很容易成功，更具有现实意义。

3.5　本章小结

本章对我国实施开放存取的环境开展调研，分析网络条件下我国开放存取模式发展现状，针对开放存取特点设计调研问卷，依托教育部科技论文在线，深入分析我国开放存取基础环境，开展统计分析，研究我国高校开放存取环境及主流科研人员开放存取发表态度，根据调研结果，对我国开放存取实施对策提出相应的建议。

4

网络科技期刊核心竞争力及
相关评价导论

目前我国每年发表学术论文总量仅次于美国，居世界第二位，相比之下，作为生产、选择、记录与传播知识成果正式和主要途径的学术期刊，在 JCR 中只位列第九，❶ 凸显其影响力的薄弱与核心竞争力的缺乏。网络科技期刊随着互联网技术的发展，因具有信息量巨大、载体与版面没有限制、超文本、可检索、在读者和编者等相关人员间具有交互影响等特点而成为一种新型的科技期刊，能够在一定程度上使我国的学术环境、科研水平得到改善，使我国的产学研结合能力和科研实践实力得到提升。更重要的是，互联网的高速发展为科技期刊提供了新传播媒介的同时，也使世界科技期刊出版面临重新洗牌的变革，为我国科技期刊弯道超车、繁荣发展带来了机遇。❷

由于技术、资金等条件要求越来越低，我国近年来出现了一大批网络期刊发表平台，规模不一，管理水平参差不齐，很多甚至是在违规操作。为了规范科技论文的网络发表、引导平台的健康构建，非常有必要提出一定的特征与参数，以此为据对网络期刊进行必要评价和评估。现有的工作主要集中在两个方面：核心竞争力与学术影响力。

4.1　网络科技期刊核心竞争力

在表面看来，科技期刊之间的竞争集中在内容上。但是，正如有些学者所言：在科技期刊面临的问题中，核心的问题体现在核心竞争力上。本章结合数字媒体的特点，在网络科技期刊核心竞争力产生的内涵以及特征的基础上，分析网络科技期刊核心竞争力产生的机制，并重点在加强和培育网络期刊核心竞争力上提出建议和对策。

---

❶❷　公晓红，冯广京 . 我国期刊核心竞争力研究评述［J］. 中国科技期刊研究，2006（2）：182-188.

4.1.1　网络科技期刊核心竞争力的内涵

对核心竞争力的概念，不同的人有不同的理解。金华宝[1]与赵茜[2]分别在 2009 年与 2011 年就此问题进行过详细的综述。

第一，部分研究人员从资源角度对其进行解释，认为期刊核心竞争力为期刊利用自身长期形成的方式配置资源，进而产生竞争优势。吴照云[3]认为核心竞争力本质体现在其占有资源的稀缺性与由这些资源带来的创新能力。刘景慧[4]认为期刊核心竞争力是期刊所拥有核心资源和所具有能力的综合，通过资源，期刊可以获取信息、掌握先机，再在能力的长久配合下，形成与竞争期刊不同的特色与模式。古四毛[5]从期刊软资源角度对核心竞争力进行定义，其中，认为办刊理念、经营理念、服务理念是组成期刊核心竞争力的重要因素，因为它们构成了期刊的鲜明风格和独特个性。张伯海[6]将期刊核心竞争力定义为该期刊所独有的特点、风格等，并由此使得该期刊独树一帜，获得相应的作者、读者与专家等资源。

第二，也有部分学者从创新、市场方面进行理解，把核心竞争力看作该期刊不断创造新产品和提供新服务以适应市场的能力，不断创新管理，不断创新营销。伏春兰[7]更倾向于竞争，认为期刊核心竞争力就是指在市场竞争的条件下，以创新创造为核心，在出版经营中的组合资

---

[1]　金华宝. 学术期刊核心竞争力研究综述 ［J］. 探求，2009（4）：71-76.

[2]　赵茜. 科技期刊核心竞争力研究综述与分析 ［J］. 中国出版，2011（12）：39-41.

[3]　吴照云. 关于中国学术期刊核心竞争力的思考 ［J］. 西南农业大学学报（社会科学版），2006（4）：216-218.

[4]　刘景慧. 论中国期刊核心竞争力的建构 ［J］. 怀化学院学报（社会科学），2003（6）：134-137.

[5]　古四毛. 教育期刊核心竞争力构建要点 ［J］. 中国出版，2008（2）：38-39.

[6]　张伯海. 期刊的核心竞争力 ［N］. 光明日报，2004-12-23.

[7]　伏春兰. 人文社科期刊核心竞争力解读 ［J］. 吉林省经济管理干部学院学报，2008（6）：73-76.

源、保持竞争力的能力。同样，姜明生❶的观点为期刊通过其内部与隐含的资源进行组合，进而形成高于竞争对手的市场、学术影响力。张西山❷将期刊核心竞争力理解成期刊的持续生存、发展的能力，其中最核心的就是吸引读者、作者的核心能力。于华东❸认为期刊的核心竞争力是该刊所独有的特色竞争力和创新性的竞争力。

第三，也有部分学者从竞争、功能层次进行定义。张音等❹定义学术期刊核心竞争力为期刊编辑部内部因素的总称，它们让期刊高效运作，快速获取信息、共享与传播知识。雷声远❺认为期刊核心竞争力是为期刊所独有、支撑期刊长期良性发展的策略、机制和资源整合能力。周杰、张琦❻的观点是期刊在竞争中取得先机的那些能力，包括生存与发展能力、吸引和拥有作者读者等能力，等等。同理，周祖德❼也将核心竞争力看作有别于其他期刊的特色与模式。

由此可见，关于科技期刊核心竞争力的定义，不同学者由于研究角度不同，其界定层面也不同。

总之，科技期刊的核心竞争力，是期刊的创作人员获取、运用共享知识时形成的一种集合和整合的能力，这种能力伴随期刊成长而增强，是一个完整的系统，不能被分割。对于期刊核心竞争力的形成与发展来说，读者是动力、编辑是关键、作者是保障。其中，读者、编辑和作者是整个出版过程中三个阶段的主体而成为期刊核心竞争力的三个支撑

---

❶ 姜明生.提高期刊核心竞争力的几点思考［J］.中国出版，2008（5）：41-44.

❷ 张西山.学术期刊提升核心竞争力的必然选择［J］.编辑之友，2004（3）：53-55.

❸ 于华东.略论学术期刊的评比与核心竞争力［J］.江西财经大学学报，2005（5）：117-120.

❹ 张音，周金龙.学术期刊核心竞争力概念解析［J］.图书情报工作，2008（1）：52-55.

❺ 雷声远.论期刊的核心竞争力［J］.编辑学刊，2005（4）：12-15.

❻ 周杰，张琦.学术期刊发展的不竭动力——提升核心竞争力［J］.山东教育学院学报，2005（4）：109-111.

❼ 周祖德.学报的核心竞争力与综合竞争力——兼谈进入核心期刊的路径［J］.重庆工商大学学报（社会科学版），2008（4）：144-150.

点，缺一不可。❶ 整合的核心竞争力，尤其是其整合机制与相关的环境条件非常难以模仿。

与传统的出版方式相比，作为网络期刊的核心竞争力，首先是网络期刊独特的形式和内容，一方面，作为数字化网络媒体，丰富的内容表现形式应该包括文字、图片、动画、视频等多媒体信息，在内容上较传统期刊更加灵活；另一方面，承载多元化信息的网络期刊更加有利于读者分享交流，根据各自需求从不同角度获取不同层次的信息。其次是网络期刊运作的平台，网络出版最大的不同在于其出版的载体——计算机互联网，由此导致期刊的实物性变为虚拟性，并且从原始的出版方式，到纸质出版物数字化格局，再向纯网络科技期刊模式转变的过程，使得交互性提高，检索方便快捷，传播的时空范围扩大，科技信息得到更充分的利用。

网络期刊核心竞争力主要由平台层、智力层、运行层、表现层四个方面的要素构成。其中平台层是网络科技期刊的本质形式，为其他三个层次提供资源和信息，通过网络或其他沟通方式为智力层提供交互学习的平台，以扩充智力层各类人员的知识和技能并能做到准确迅捷的反馈。网络科技期刊核心竞争力内涵结构如图 4-1 所示。

智力层包括作者资源、专家资源、编辑资源及相关工作人员、读者资源等。对网络科技期刊来讲，学术信息来源于作者资源，期刊内容的价值与质量由作者资源决定。专家资源能保证和提高期刊质量，并增强期刊影响力。每篇文稿能否刊出均取决于专家的审稿意见。编辑资源及相关工作人员对于确保期刊的整体质量起着至关重要的作用。读者资源由单个读者、研究机构团队、图书馆、科研课题组和科技公司等用户组成，更重要的是，在网络科技期刊中，读者资源能形成社区化网络群体，他们之间的沟通交流优势和强大的影响力，快速传播能力是传统出

---

❶ 魏晓萍，杨思洛. 基于 CNKI 的期刊网络学术影响力研究［J］. 情报科学，2010（5）：747-750.

版媒体所不具备的。

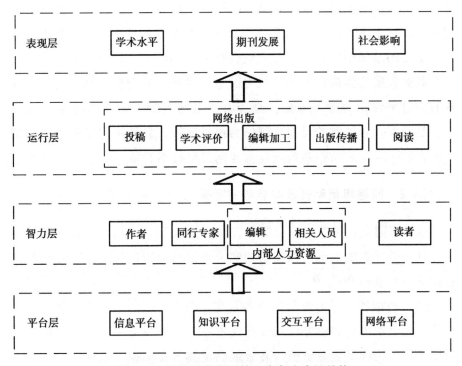

图 4-1 网络科技期刊核心竞争力内涵结构

Fig. 4-1 The structure of connotation of network academic
journals core competitiveness

运行层是以人为主导，在合理配置和利用基础资源以后，产生的能够转化为科技期刊核心竞争力的活动，主要包括作者的投稿、相关专业人员的学术评价、编辑加工、出版传播和读者的阅读活动以及所有活动的相互反馈。对网络科技期刊来说，投稿、审阅、编辑、出版以及读者获取阅读一系列行为在网络环境下运行，通畅的反馈渠道极大地提高了论文编辑和发表的速度，为新的学术观点和研究成果的传播和推广提供

了一个更加便捷的平台。❶

表现层是科技期刊核心竞争力的外在表现形式。具有核心竞争力的期刊往往在学术水平、期刊发展、社会影响等方面具有一定影响力。核心竞争力的最集中外在表现形式就是期刊的影响力。同时，平台层、智力层和运行层成为决定期刊影响力的重要因素。一个期刊是否有一个开放的信息平台作为服务基础，是否有一批热衷的专家学者作为资源支撑，是否有一套及时的反馈机制作为出版流程，最终决定了一个期刊的学术影响力大小。这一系列问题构成网络科技期刊核心竞争力的内涵。

4.1.2　网络科技期刊核心竞争力特征

尽管不同期刊组织的综合资源、能力条件不尽相同，导致其核心竞争力具有差异化的表现，但能为期刊带来持续竞争优势的能力必定都具有如下一些基本特征。❷

（1）价值性。核心竞争力必然是富有战略价值的，它能够使期刊在为读者提供的内容和服务以及降低成本方面比竞争对手更优秀。从读者角度来看，为读者创造价值，高效地满足读者在知识、职称和学位评定等方面的需求，这是期刊生存和发展的前提；从期刊组织方面看，核心竞争力能协调和整合各种资源，为期刊组织带来卓越的学术声誉、社会影响乃至经济效益。

（2）独特性。核心竞争力是期刊在发展过程中长期培育和积淀而成的，深深地打上了其自身特殊经历的烙印。核心竞争力的形成与期刊有关。所以，核心竞争力应该是期刊所独有的、至少是其他期刊暂时不具备的、令其他期刊难以模仿的能力。比如吸引、累积作者和读者资源的

---

❶ 李超. 国内期刊评价及其方法研究的进展与实践［J］. 情报科学，2012（8）：1232-1237.

❷ 崔丽芬. 社会因素对于学术期刊出版模式的影响——向电子期刊转变过程中的问题讨论［J］. 图书情报工作网刊，2012（2）：40-54；秦霞. 学术期刊影响因子的影响因素研究［D］. 成都：西南交通大学，2009；贾文艺，张建华. "互联网+" 与商业模式创新研究［J］. 商业经济研究，2015（36）：6-7.

独特方式，再如特有的文化氛围。成功的经验可以借鉴，但核心竞争力只能通过自身的学习、创造和摸索去获得。核心竞争力有利于科技期刊形成自身的风格和内容，并培养读者的忠诚度。

（3）延展性。核心竞争力所在领域的优势会辐射到其他领域，表现为主动的溢出效应，是期刊组织应变能力和拓展能力的体现。比如，科技期刊在核心学科的基础上向邻近学科扩展，衍生了学科边界和促进了交叉学科研究的发展。通过论坛等方式，有利于学术流派的形成和学术影响力的积累。

（4）动态性。期刊核心竞争力主要是自身，但是在其形成过程中，会受到外界环境、期刊本身等其他方面的影响。核心竞争力也必然会经历产生、成长、成熟、衰亡等阶段，进而在环境发生改变的条件下，再通过积累，从而逐步形成新的核心竞争力。所以，要在复杂的环境下保护、管理、提升竞争优势，做到在优势领域要不断创新，同时当环境条件发生变化时，要及时主动把握核心竞争力动态演变。因此，核心竞争力的动态性既是期刊的主动行为，也是环境所迫的被动调整。

4.2　网络科技期刊影响力评价研究综述

科技期刊作为刊载科技论文和科研成果的载体，对科学技术和社会进步起到了一定的推动作用。期刊学术影响力一直是社会和学术界关注的焦点。对期刊影响力的研究早于期刊文章质量的研究，并且由来已久，经历了多年的历程，无论是国内还是国外，都是期刊工作者和图书情报研究人员研究的重要课题。期刊的影响决定因素很多，一方面是显著的表现形式，如期刊的主办组织、编委会成员、审稿制度等，通常可通过定性评价得出；另一方面是通过期刊所载论文的学术和社会影响等间接因素反映出来的，如所刊载的论文被多少人通过各种方式利用过。从 20 世纪 60 年代后期开始，研究人员通过文献之间的引证关系来衡量期刊的学术影响，主要指标有绝对被引量、相对被引量、期刊的影响广度、期刊的半衰期、即年指标等。该方法相对客观，受到越来越多研究人员的重视，伴随着期刊评价理论的丰富和实践的发展，又相继出现了新的测度期刊学术影响力的指标，如期刊 h 指数、特征因子、SJR、ACIF、SNIP 等。❶

4.2.1　影响力研究思路分析

国外最初对期刊的影响力分析主要是根据期刊的参考文献，即通过引文分析的方法。1955 年，美国科技信息研究所所长尤金·加菲尔德等首次提出了期刊被引频次评价模型，在学术界发起了期刊影响力分析的里程碑研究阶段。然而，总被引次数因为一些不平等因素也存在一定的局限性，所以加菲尔德又对其进行修正，正式提出影响因子指数模型，消除很多不确定因素的影响，例如期刊的类型、载文量的多少、统计年限范围的大小等，比总被引次数指标更具合理性。因此，影响因子目前成为国际上通用的期刊评价指标，也是评价期刊学术影响力的主要测度指标。

随着对期刊影响力的研究越来越深入，很多学者逐渐发现加菲尔德的影响因子无法反映期刊所发表论文质量，且还受到一些与期刊质量无关的方面的影响，包括期刊自引、出版时间及文献类型等，也具有一定的局限性和不足。因此，从各自不同的角度提出了相应的改正模型或者新的分析方法。

总的来说，期刊影响力的评价主要有以下指标：

（1）被引频次。计算方法为该期刊刊载的全部论文被其他所有科研

---

❶ 李斌，刘加平，白茂瑞. 我国科技期刊的历史发展、社会功能及其评价［J］. 西安建筑科技大学学报（自然科学版），2003（2）：131-135.

工作者所引用的总次数，被引频次的高低一定程度上说明了期刊所发表论文被研究人员利用程度，即说明论文的学术价值。因此，一定程度上反映了期刊的学术影响力及学术辐射力。但是，因为模型计算方法的不足，它受到创刊时间、论文的绝对数量、期刊性质等因素的影响。因此，在评价过程中，不能作为评价的唯一指标。

（2）影响因子。1972年，尤金·加菲尔德对自己的被引频次指标进行改进，提出影响因子模型，此时不仅计算被引频次，而且加入该刊近两年的发表论文总篇数这一指标。因为一般情况下，发表论文越多，总引用次数则越高，但是平均引用次数未必越高。同时，部分期刊坚持高质量标准，发文少，虽然总被引用次数不高，但平均引用次数很高。影响因子指标更符合评价标准，比总引用次数更加客观。因此，在国际上以影响因子开创的期刊评价工作迅速展开。❶

（3）欧洲因子。由欧洲科学家维斯提出，计算欧洲期刊的影响因子，并由此建立欧洲因子数据计算库，开始主要以生物学论文数据为主，重点评价生物学期刊影响力，随后根据需要也对其他学科期刊进行评价。

（4）其他因子指标。包括基于时间的中值影响因子、基于领域调节影响因子，引入声望的扩散因子、基于特定特征的特征因子等。

综上所述，国外期刊质量的评价工作一直围绕影响因子的探索与修正工作展开。

国内对期刊的影响力研究最开始也集中在总被引频次、影响因子、即年影响因子等指标。国内各大机构开始对中国的各类期刊进行评价，最有影响力的有四大机构评价，❷ 分别为：南京大学及其《中国人文社会科学核心期刊要览》、北京大学及其《中文核心期刊要目总览》、中

---

❶ 秦霞. 学术期刊影响因子的影响因素研究 [D]. 成都：西南交通大学，2009.

❷ 唐剑，杨汉兵. 企业竞争力演化的动力机制及路径分析 [J]. 贵州社会科学，2012（3）：80-83.

国社会科学院及其《中国人文社会科学期刊学术影响力报告》、武汉大学及其《中国学术期刊研究报告》。

总体来说，四大机构采用的指标有所差异。《中国人文社会科学核心期刊要览》中的指标以被引指标为主，如被引次数、引用速率以及被引幅度等。《中文核心期刊要目总览》的评价则思路不同，显著特色是定性结合定量，且定性为辅，定量为主。另外，将二次文献转载和基金等因素引入论文评价中也是该评价的一大特色。《中国人文社会科学期刊学术影响力报告》的评价指标重点使用学科刊登数目。在《中国学术期刊研究报告》评价中，专家定性评价得以使用，主要用来对期刊的定量评级进行纠偏，这与北京大学的定性为辅评价相似。

需要说明的是，上述评价中，部分根据期刊举办单位的行政级别来对期刊进行划分，并将其划分为地市级期刊、省部级期刊、国家级期刊、国家级重点期刊。这在一定程度上是官本位思想，不甚合理。

虽然我国对科技期刊影响力评价近些年才开展系统研究，问题不少，但是随着研究的深入，数据储备越来越完备，必将构建更加合理的模型，进而得到国际同行的认可。

4.2.2 现有影响力评价模型的不足

第一，影响因子具有自身局限性。自影响因子指标被提出以来，因其客观性被越来越多的科研机构和高校采用。然而由于存在一些不确定性，如学科性质、期刊性质等，加上一些不正确的行为，如错引、漏引等，最后均导致不同程度地影响期刊影响因子的计算。所以，不能单一用来评价期刊的学术影响力。况且，目前很多科研机构的管理思路严重失衡，所制定的相关政策对影响因子非常看重，甚至规定只有在影响因子大于某一数值的期刊上发表的论文才可以作为计算标准，尤其是在与科研人员密切相关的职称晋升、津贴发放标准等方面。因此，国内科研体系基本上以期刊影响因子的高低来划分期刊的学术质量，严重地偏离了期刊评价的初衷。

第二，检索制度尤其是 SCI 检索的过度看重。基本上国内的科研机构对科研成果的初步评价是检索，对人员的评价也是检索论文的数量。这在十年前为了激发科研人员的科研激情与鼓励科研人员与国际接轨是可以理解的，但是如今还作为晋升、招聘的条件显得不合时宜。因为，在思想与科研活动大大开放的今天，科研选题与行为不再闭塞和落后，亟须有一批人认真、踏实地做出高质量成果，而不是为了一些所谓的指标和标准疲于奔命。同时，这些检索数值在一定程度上依然是人为的结果，可以通过自引、滥引来提高，并不能真正反映成果质量。更重要的是，国际上大部分的引用都是英文撰写，根据著作权的规则，并不属于撰写者本人，更不属于我国，本质上是国有资产的流失。

第三，科技期刊影响力评价指标纷繁众多，缺乏权威指标，综合性评价体系尚不完善，急需建立一个客观公正的评价指标体系。在广泛应用的北京大学的《中文核心期刊要目总览》、中国社会科学院的《中国人文社会科学期刊学术影响力报告》两大体系中，涉及的指标非常多，如引用量、被引频次、影响因子、基金论文率等。南京大学的《中文社会科学引文索引》评价体系也使用了上述的部分标准，还加上半衰期、影响广度等指标。因此，科技期刊评价还没有一个权威的标准，需要深入研究。

4.3　网络科技期刊核心竞争力与影响力两大评价模型对比

本质上，核心竞争力与影响力的研究目标对象都是期刊本身，都是为了期刊质量的提高与服务的优化。然而，它们的出发点不同，前者从网络期刊本身出发，从期刊发表角度利用系统管理、系统建模等知识开展分析研究，提出增强竞争力的组织结构与管理策略；后者是从读者或者第三方使用者出发，从期刊已发表内容的效果中抽取特征，构建相应的模型进行分析，指出可能影响期刊影响力的要素。因此，两者既有联系又有区别，并非完全独立或者完全相同。两者联系非常明显，都是进行评价，促进期刊的质量或者运营策略上的改进，进而有更好更久的发展。下面对它们之间的区别进行详细描述。

首先，评价标准不同。影响力分析指标源于一些客观数据，如论文引用次数、被索量、他引次数、他引总数、基金论文率、半衰期，进而计算其他的指标，如影响因子、中值影响因子、基于领域调节影响因子、欧洲因子及被摘率等。而核心竞争力的评价从系统出发，构成要素大多与系统有关，如人才资源、经营管理、基础硬件等。所以，期刊的核心竞争力是上述所有构成要素的整体作用的结果，如果从不同角度去研究，则可以细分为不同的核心竞争力类型，如人力核心竞争力、硬件基础竞争力等。我们通常所理解的核心竞争力是指在特定的时间和空间中的核心要素所表现出的某一期刊品牌。

其次，出发点与目的不同。在信息爆炸的时代背景下，各种信息充斥。而作为主要学术成果的载体，期刊也受到了非常严重的冲击，出版形式从纸质期刊转为电子版期刊，接着又发展基于网站的网络版期刊。每次形式的变化，其出版流程、模式也将受到很大的影响，对其质量评估也受到图书馆界、出版界、学术界等很多人士关心。因此，必然就有很多研究人员对此进行建模分析。影响力分析在此情况下应运而生，试图通过分析期刊发表论文的影响力来评价期刊在学术圈中的认同性能，最终实现对期刊质量进行调整和控制。

遗憾的是，虽然我国改革开放以后在自然科学、人文科学等学术研究上取得丰富的成果，但是学术期刊的建设远远跟不上成果的脚步，以至于我国的重要研究成果都不得不集中在国外期刊上发表，使得我国的期刊没有充分起到学术成果的传播、共享等作用，生存环境受到极大的挤压。目前，随着改革的不断深入，文化体制改革已经悄然进行，出版业必然是本次改革的重点，很多期刊所在出版单位都进行了转型与改制，科技期刊的行业竞争必然日趋激烈，其面临的挑战也是空前的。因此，科技期刊必须通过自身改革，增强自身的核心竞争力，解放思想、与时俱进、锐意创新。必须以质量为核心，以读者、作者与专家为内容，努力打造精品与品牌，实现质的飞跃。

最后，内涵与外延不同。科技期刊的核心竞争力体现在多个方面，既体现在编辑部的组织、规划、工作效率上，也体现在各种资源的调动与运用并由此而产生的优势与潜力上，还体现在出版集团对期刊品牌的经营、创新上。所以，核心竞争力在整个出版中无处不在，对读者与作者来说，可能是一个期刊内在精神力量，如学术影响力，也可能是市场竞争力，如价格因素。在市场经济的今天，它是期刊竞争的关键。所以，它是一个综合评价。提升期刊核心竞争力的方法不多，主要是对内要提高运行效率，对外构建良好的发表平台，提升服务质量；同时，必须面向社会与市场，管理机制与理念需要与时俱进。另外还要关注科技期刊长期的、整体的发展方向以及如何实现既定目标。重点体现在经营战略上，包括品牌化经营战略、网络化经营战略、国际化经营战略及集约化经营战略。可以看得出来，核心竞争力的研究内容包括网络期刊组织、经营、服务等全部过程，综合考虑期刊的运营机制与质量控制。

期刊影响力的研究非常悠久，主要成果都是由国外研究人员得出。研究内容主要集中在服务评价策略、评价指标模型构建及质量管理等方面。目前的研究热点为网络学术资源的选择策略、评价方法、使用效率等。我国早期沿用国外的研究成果，采取拿来主义。后再融合我国国情，对国外的模型进行改进，已取得部分成果。需要说明的是，对网络科技期刊评价体系的建立、评估等研究非常少。总体来看，影响力的研究建立在学术影响力基础上，通过指标的建立与分析来实现，最后对期刊质量进行特定角度的评价。国内更多关注理论研究，最典型的就是评价体系的构建、评价策略的分析。与国内相比，国外在理论联系实践方面做得更好，并且注重应用。

4.4　本章小结

本章对网络科技期刊核心竞争力与影响力两种研究思路进行详细比较分析，在明确各自基础概念后，详细概述各自的研究进展，最后总结出它们的区别与联系，"核心竞争力"与"影响力"在外延与内涵、特征指标、研究出发点与目的等方面存在差别，"核心竞争力"从系统角度出发，兼顾与期刊运营有关的所有要素，而影响力重点研究与论文质量相关的因素，"核心竞争力"更适合网络这一强生态系统环境。

5

网络科技期刊核心竞争力的
形成及演化

5.1　引　　言

核心竞争力理论源于企业，1990 年，美国著名管理学者普拉哈德和哈默尔提出核心竞争力的概念，他们认为，随着世界的发展变化，竞争加剧，产品生命周期的缩短以及全球经济一体化的加强，企业或产品的成功不能依靠短期的表现，而是核心竞争力的外在表现。为此，他们给出了核心竞争力的定义是能为企业带来相对于竞争对手的竞争优势的资源和能力。已有对核心竞争力的研究成果多集中在企业领域，其核心思想却有着对一般组织的普适性，已经逐渐延伸到对包括科技期刊发展在内的各个领域现象的解释与实践指导中，研究人员从内容、资源整合、系统论、市场竞争等角度对期刊核心竞争力的内涵进行阐释。网络科技期刊作为知识生产系统的子系统，从作者获得个性知识产品进行加工，生产出公共知识产品传递给读者。科技期刊大多属于特定群体与学术领域的小众读物，作者与读者有相当程度的重合，下游市场还涉及很多上游资源。因此，科技期刊的竞争最终就是对作者与读者的竞争。因此，网络科技期刊核心竞争力可以理解为期刊组织以互联网为传播手段、经过长期积淀且具备一定规模和实力后才具备的、能够带来持续竞争优势的综合能力。这种能力以其独特的资源为基础、以强大的品牌效应为外在表现，通过选题与策划、组稿与审稿、编校与排版、发行与营销等环节的有机融合，使期刊组织能够长期地吸引作者与读者。

5.2　网络科技期刊核心竞争力形成的动力机制

网络科技期刊创新活动作为网络科技期刊的根本性活动，是将多项创新要素有机结合的过程，需要一定的运行机制来支持这个过程的有效运行，而这种机制正好是网络科技期刊核心竞争力的形成机制。从系统的角度可以概括为内部动力、外部动力以及二者之间的交互创新动力。

5.2.1　内部动力机制

内部动力机制是期刊经营主体内部的关键，是管理资源和知识资源等战略资源的总称。创新主要来源于内部机制，同时，内部机制能提升和强化期刊的竞争优势和动态能力。传统意义上讲，内部动力是由人力资源管理水平、营销服务能力、协同组织能力形成的整体，三种要素相辅相成，缺一不可，整体能力大于局部结果。网络科技期刊核心竞争力内部动力影响因素如图5-1所示。

（1）人力资源管理水平。智力资源是期刊运行活动中最活跃、最能动的因素，是期刊文化和品牌的创造者。人力资源管理可以归纳为对期刊核心资源人力资源的管理。人力资源管理水平可以具体细化为以下方面：员工的整体素质、员工的招聘与培训、员工的考核与激励。网络期刊核心竞争力的形成，也必须以人才为基础，人才的知识水平、创新意识、编审能力、校对能力、信息采集能力等都直接影响期刊的两个效益，这就要求期刊人才要具有丰富的知识、超前的创新意识、扎实的文字功底等。

（2）营销服务能力。营销策略、营销创新能力和服务理念可以推动网络科技期刊向前发展。科技期刊在保证质量的前提下，采取多种方式对自己进行宣传，可以使其品牌形象深入人心、真正打动读者，从而提高其市场占有率。科技期刊要想在激烈的市场竞争中取得成功，就必须把期刊做大，做出特色，去满足读者多层次、多元化的需求。

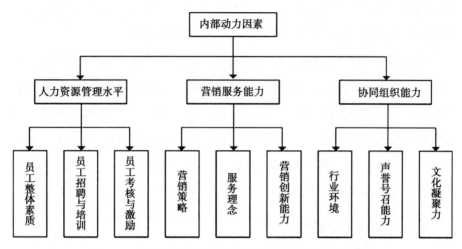

图 5-1　网络科技期刊核心竞争力内部动力影响因素

Fig. 5-1　The factors affected intrinsic motivation of network

academic journals core competitiveness

（3）协同组织能力。协同是一种实现将各种因素在时间、空间和功能上达到有序的内聚的能力。通常建立在"竞争—合作—协调"的运行机制下。在期刊组织经营中，管理者在对期刊组织的各类资源进行整合的基础上，同系统内外的各类活动和资源进行协同，可以得到较完美的结果。协同组织能力可以细分为文化凝聚力、行业环境、企业声誉号召力等。

除此之外，结合数字媒体和网络科技期刊的具体特点来看，网络科技期刊核心竞争力形成的内部动力还应该来源于以下两个方面。

（1）内容组织创新能力。内容组织创新主要包括两个方面：资源内容组织形式的创新、资源之间的聚合结构的创新。在数字化媒体时代，期刊可以使用的内容形式非常丰富，包括文字、图像、音频、视频及各种形式的附件资源，网络科技期刊必须利用自身的数字化优势，进行内部内容形式的创新，提高资源本身的质量；另外，内容组织创新还包括各个资源之间的关联创新，需要形成对数字资源基于内容的聚合，构建科学的关联与聚集算法，根据用户浏览的内容、需求及偏好推送相关个性化内容。这是提高总体竞争力的重要内部动力机制。

（2）用户的互动与信息反馈。与传统媒体的单向传递信息不同，网络的一大优势是能够实现信息的双向互动。收集用户对数字资源的评价、意见与建议，实现用户之间的互动，甚至用户与作者间的互动，为与资源高度相关的学术性交流提供平台，不仅能够增加用户黏度，而且能够丰富资源本身的外围信息，提高网络资源与期刊平台的吸引力，因此是网络期刊提高竞争力的一种重要内在动力。

5.2.2　外部动力机制

外部动力机制为期刊提供外部的多样性激励和诱导期刊内在能力，能使期刊能力得到更新。由于激烈的竞争，市场环境变化是诸多外部动因中最积极的一类。在诸多外部动因中，由于竞争的压力，期刊必须通过差异化发展制造某些方面的稀缺性来达到持续成功的目的。网络科技期刊必须更好地适应外部市场环境、技术环境、社会文化环境的变化，才能在创新的基础上获得更大的发展。网络科技期刊核心竞争力外部动力影响因素如图 5-2 所示。

（1）市场环境。健全的市场经济体制对创新型网络期刊的持续创新具有重要的促进作用。读者需要的期刊或者有效的服务是在生产要素和社会资源被创新主体根据实际市场的供求状况来进行重新配置以后产生的。网络期刊能否持续发展，要看网络科技期刊能否在公平的市场环境竞争中取胜。而取胜的关键在于网络科技期刊能否不断创新。此外，市场需求也对创新型网络期刊的持续创新具有重要的推动作用。

健全的市场环境能够为网络科技期刊核心竞争力的形成和持续创新

产生重要的影响。市场环境的影响主要由市场需求和市场竞争两个方面组成。在市场需求方面，传统的纸质期刊由于表现形式、期刊篇幅、资源集合等各方面的限制已经不能满足信息化时代信息传播和交流的需求，学术界的研究人员尤其需要快速地获取和掌握研究领域的最新动态，所以市场需要网络科技期刊这样的产品来满足需求；在市场竞争方面，网络科技期刊的竞争者包括纸质期刊和网络论文库，这些传统的科技论文传播平台占有大量的用户，是网络科技期刊强有力的竞争者，来自市场竞争者的压力会促使网络科技期刊对科技论文的表现形式、传播和交流方式进行改革性的创新，从而形成核心竞争力。

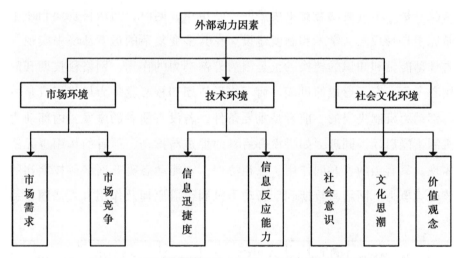

图 5-2　网络科技期刊核心竞争力外部动力影响因素

Fig. 5-2　The factors affected extrinsic motivation of

network academic journals core competitiveness

　　（2）技术环境。信息技术以高新技术产业为第一产业支柱，以智力资源为首要依托，是可持续发展的经济。技术的影响是全球性的。以网络为基础的技术环境尤其对网络科技期刊的影响越来越深刻。20 世纪的信息技术革命，通过互联网这一交流平台，为网络科技期刊的发展带来新的机遇。传统出版业以纸质媒介作为载体，出版周期长，生产成本高，传播范围较为有限，技术革新带来的信息的迅捷性和信息反应能力的提高使得网络科技期刊对传统科技期刊这些问题的改进和变革有了实现的可能性。

（3）社会文化环境。科技期刊所采取的行为与所处社会环境通过互相影响和推动，带动学术创作的兴盛发展。科技期刊与社会环境之间的互动关系可以从社会文化环境对科技期刊存在的影响中体现。网络科技期刊通过自身具有的平台和载体作用，可以反映和推动所处时段的学术观念，同时推动自身的发展与引领社会文化思潮，创新动力机制。

网络科技期刊在外部动力和内部机制的共同推动下形成的一种创新系统，是一个具有动态竞争优势的创新组织，同时，网络科技期刊还不断完善自身理念、学术和制度建设。在其多变复杂的运营环境中实现其内外部能量和知识的转换。正是因为外部动力的作用，网络科技期刊的核心竞争力有了形成的可能。而网络科技期刊核心竞争力最终形成是由内部动力机制决定的。前者是重要条件，若没有前者的激发，内部动力机制不能启动。同理，如果没有后者的促进与推动，前者的作用也无法体现。只有当两者共同作用、互相协调，才能动态提升网络科技期刊的核心竞争力。网络科技期刊创新动力机制构成原理及作用方式如图5-3所示。

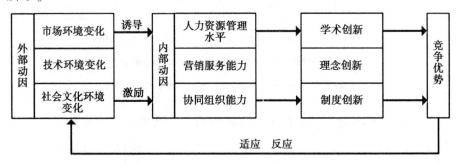

图5-3　网络科技期刊创新动力机制构成原理及作用方式

Fig. 5-3　the mechanism and work function of

the network academic journal innovation

创新活动是一个不断循环往复的过程，在这个过程中，各构成要素既要有序，也要有交叉和交互作用，网络科技期刊的创新活动要不断循环反复，不断持续发展，必须要有正确有效的创新机制的支持和推动。

5.3 网络科技期刊核心竞争力的提升机制

网络科技期刊核心竞争力的提升策略旨在解决如何构建一个持续增长模式的问题。在一个动态的环境中，网络科技期刊生存的环境在发生变化，网络科技期刊的核心竞争力也在一个动态的变化中，为了获得持续的竞争优势，核心竞争力的培育不是一劳永逸的，需要通过创新不断地推进和提升。因此，网络科技期刊必须从有利于形成长期性竞争力的角度出发，在对网络科技期刊现有资源和能力进行整合和提升的基础上，进一步发挥网络资源在内容和运作上的优势。既要有长期战略眼光，又要有现实的战略行动，把长远与现实结合起来。

1. "互联网+"带来的核心竞争力[*]

"互联网+"是指将互联网与传统行业相结合，从而促进各行各业的产业发展，它代表一种新的经济形态，即充分发挥互联网在生产要素配置中的优化和集成作用，将互联网的创新成果深度融合于经济社会各领域之中，提升实体经济的创新力和生产力，形成更广泛的以互联网为基础设施和实现工具的经济发展新形态。互联网对传统行业的改革已经在电子商务、互联网金融等应用中得到体现，"互联网+"科技期刊将是科技期刊改革及发展的方向。网络科技期刊不仅可以实现文字、图像（包括 3D）、动画、影像等多种传统科技期刊不能实现的表现形式，在

---

[*] 贾文艺，张建华. "互联网+"与商业模式创新研究 [J]. 商业经济研究，2015（36）：6-7.

移动互联网、大数据、云计算等技术的支持下，网络科技期刊还将从本质上改变论文的写作、修改、发表及传播的方式，让各种学术资源在这个网络平台汇集，成为学术思想交流的中心，从而形成自己的核心竞争力。

2. 智力资源是提升网络科技期刊核心竞争力的保障

网络科技期刊的竞争力主要体现在期刊的内容是否能吸引读者，所以，信息内容是期刊竞争力中的最关键的因素，一方面，网络科技期刊在内容表现形式的丰富性上具有其先天的优势，就要将这一优势有效地转化为提升期刊核心竞争力的手段。另一方面，这些因素也体现在期刊人才之间的竞争上。❶ 在期刊业这种智力密集型产业中，最重要的生产因素是人。所以，高层次的人才（管理、营销、版权贸易）对期刊业的发展非常重要。期刊出版质量的差异，很大程度上取决于办刊人员素质的高低。因此，构建期刊的核心竞争力应从提高办刊人员的素质上下功夫。办刊人员应当具备良好的知识结构和较强的业务能力，对期刊能进行准确的市场定位，在期刊生产和管理过程中，坚持自主性，确保编辑的独立人格精神，这些特质是别人无法模仿的。同时，办刊团队的团队文化和团队精神的优化是构成期刊核心竞争力的重要内容。❷

3. 资源整合是提升网络科技期刊核心竞争力的支撑

期刊核心竞争力主要由核心资源和核心能力两大要素构成，其中核心资源是基本要素，是掌握和动用核心能力的基础，也是期刊赖以生存和发展的重要前提。❸ 从资源学派来看，发现新的资源属性是资源整合的基本方式，在社会活动中资源效用会被不断发现。在对同样的资源进行评价的人中，最先发现资源新效用的人往往评价最高。创新活动的本质就是这种发现和实现资源新效用的过程。因此，资源整合

---

❶❸ 唐剑，杨汉兵.企业竞争力演化的动力机制及路径分析［J］.贵州社会科学，2012（3）：80-83.

❷ 崔丽芬.社会因素对于学术期刊出版模式的影响——向电子期刊转变过程中的问题讨论［J］.图书情报工作网刊，2012（2）：40-54.

力来源于发现资源新价值的能力。管理权威的形成也来源于发现新价值的能力。

期刊组织资源是由多个具有不同用途的资源组合而成。期刊组织资源可以分为内部资源和外部资源。因此，在竞争战略的制定方面既要从外部环境方面考虑，也要关注宏观环境和行业内部的实际情况对资源能力进行调整和更新，又要从自身内部资源出发，选择具有吸引力及符合本行业的资源。有效的资源整合不仅是核心竞争力的支撑和保障，也是竞争优势能否持续的决定性因素。

4. 流程优化是提升网络科技期刊核心竞争力的抓手

必须重构新的编辑模型，特别是对于网络科技期刊来说，更要构建区别于传统期刊的业务模式。第一，要及时宣传刊物的组稿计划和意向，扩大信息交互量，让刊物的出版有更多作者的参与。第二，利用各种技术手段来保证来稿质量，最终使学术质量得到提高。第三，提高处理与修改稿件的信息化，编辑业务工作直接通过计算机操作完成。及时与作者商榷稿件中的问题，缩短编辑加工的周期。要将稿件中的摘要、关键词、图书分类号的标引、参考文献和稿件中的量和单位规范化和国际化。

5. 持续创新是提升网络科技期刊核心竞争力的关键

创新作为一个期刊生存、发展的基本形式和内在要求，是一个期刊不断发展的动力来源。期刊业要不断适应环境、实现自我超越，必须进行创新。不断创新，形成优势，创立品牌，这是核心竞争力的关键。网络科技期刊要永远保住领先者的地位，需要进行不断的创新。这种创新需要根据市场需求、未来走向等方面的变化，加大利用网络环境优势，产生出现实可操作的新选题。

要想创造和维护一个期刊的核心竞争力，需要满足以下条件：期刊需要符合读者的阅读需求、期刊内容符合时代的特征、创造引领一种新的阅读消费潮流。在满足上述条件以后，期刊才能收益最大化。在与同行业期刊对有限的读者和作者资源进行争夺的同时，科技期刊通过拓展市场边界，丰富和深化学术信息服务的层次、提升自己的竞争力，促进可持续发展。

5.4　网络科技期刊核心竞争力的生命周期

网络科技期刊核心竞争力的形成同企业的核心竞争力一样，也是一个不断发展演变的过程，由此呈现出核心竞争力的动态变化特征，有着自己的生命成长周期。期刊组织所处环境的动态性以及内部资源、能力的不断变化，决定了网络科技期刊核心竞争力具有从形成到衰亡的生命周期。一般来说，期刊通常要经过无竞争力阶段、一般竞争力阶段、核心竞争力阶段、核心竞争力弱化阶段和核心竞争力蜕变（消亡或新生）阶段等过程。在生命周期不同阶段，期刊面临不同的矛盾和问题，核心竞争力作为其竞争优势的来源，在不同成长阶段表现出不同的特征。具有了核心竞争力的期刊也并非永远不会被竞争对手所替代，要想保持期刊领先优势，就必须对核心竞争力不断创新、发展和培育，维持和扩大与竞争者的领先距离。否则，随着时间的推移和对手竞争力的增强，核心竞争力的领先优势就会逐渐丧失。

随着核心竞争力的形成，期刊较好地整合了自有资源，赢得了相对优势的地位，学术影响、社会影响也逐步提高。但随着对手的竞争力的提高或者环境变化与自身能力的不协调，发展开始进入维持阶段。若在维持阶段不能创造出新的竞争优势，核心竞争力就进入衰退阶段。参考企业核心竞争力生命周期的划分，笔者将网络科技期刊核心竞争力的生命周期划分为如下四个阶段：幼稚期、成长期、成熟期、衰退期，如图5-4所示。

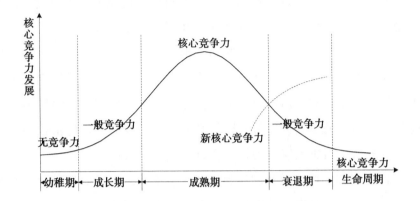

图 5-4　网络科技期刊核心竞争力生命周期

Fig. 5-4　The lifecycle of core competitiveness

evolution for network academic journals

（1）幼稚期。这一时期的期刊组织规模较小，可利用的资源比较匮乏，所提供的产品和服务尚未被读者认可，内部组织结构简单，管理制度有待于进一步建立健全，管理工作也不够规范。该阶段的期刊可能具有较大的灵活性和较强的学习能力和创新能力，需要人们去识别发现并进一步培育，期刊竞争主要依靠特色或利基（niche）战略扩大影响。当然，如果这一时期的期刊也可能不具有潜在的竞争优势，或者具有潜在竞争优势而未被发现，那么，期刊就难以进入下一阶段——成长期。因此，幼稚期的期刊特点是资源比较匮乏，优势不明显，是一个不断获取资源、发现优势的过程。

（2）成长期。期刊发展进入成长期以后，产品和服务逐渐被读者所了解，期刊的网络点击数和下载量迅速增加，各种资源和能力得到一定的提升，可看作网络科技期刊发展处于突变转型前的积蓄状态。此阶段竞争力的特点是：在形式上已初露头角，但发挥的作用还十分有限，成效不显著，可以看作一种过渡状态。该阶段竞争力的成长瓶颈是速度的不稳定性，如果这一时期培育不当，核心竞争力很可能就不会出现而停留在一般竞争力阶段，最后演变为无竞争力。

（3）成熟期。该阶段网络科技期刊的组织结构规范，资源充足，发行量稳定，核心竞争力全面发挥功能，并辐射到期刊各个方面，给期刊带来很强的学术影响力和社会影响力，形成美誉和品牌效应。但是，处于这个时期的核心竞争力存在成长乏力和后劲缺乏的问题，期刊组织可能渐趋保守，学习和创新能力减退。因此，此时的期刊就应该以多元化强化核心竞争力的更新，在努力延长其成熟期的同时，促使由核心业务对新兴业务产生溢出效应，为核心竞争力成长注入新的活力。

（4）衰退期。国家政策的调整、竞争对手的模仿、对学科发展动态的误判，再加上自身组织的僵化等方面的原因，都可能使期刊丧失掉固有的竞争优势，使既有的运营模式难以为继，核心竞争力的核心地位逐渐边缘化，但同时也可能孕育着新的竞争力的爆发基因。处于这个阶段的核心竞争力已经蜕变为一般竞争力，不再具有核心竞争力的特点。所以，这时的科技期刊应努力寻找和培育新的核心竞争力去替代旧的核心竞争力，重新开始新的生长周期。

网络科技期刊核心竞争力的演化是一个受多因素影响的复杂过程，从幼稚期、成长期、成熟期到衰退期循环往复，不断发展。这就要求期刊要对自身的核心竞争力不断地去识别、评价、培育和提升，分析核心竞争力处于生命周期中的哪个阶段，并提前采取相应措施以保持核心竞争力的持续优势。

5.5　网络科技期刊核心竞争力的演化机理

期刊核心竞争力体现为一个过程性范畴，是期刊核心竞争力通过构建、形成、提升等几个阶段演化变迁的动态过程，或者说期刊核心竞争力不是存在着，而是在生成着和消逝着。

5.5.1 基于系统视角的网络科技期刊核心竞争力演化

动态性已成为当今科技期刊所处环境的主要特征，期刊之间竞争强度不断加大使期刊竞争优势的生命周期不断缩短。从系统论的角度看，任何系统得以顺利演化的基本要素包括：系统外部环境的影响和内部要素的多样性、要素间联系的多变性以及系统适应机制的复杂性。❶ 对于由多要素组成的网络科技期刊核心竞争力这一复杂系统来讲，其动态变迁从来就不是自发的能动过程，必然存在相应的推动机制，即演化的外部环境诱导机制和内部动力机制。外部环境诱导机制作为外在推动力量，对核心竞争力的演化主要发挥间接的诱导或激发作用，失去外部环境的诱导和激发作用，内部动力机制则无法启动；内部动力机制作为期刊内在的主观能动力量，能有效地推动和促进创新的发生，对期刊的核心竞争力会起到直接的提升或强化作用。没有内部动力机制对创新的推动和促进作用，环境的诱导和激发就不会有结果，环境诱导机制也只有通过内部动力机制才能有效地发挥作用。只有在内部、外部动力机制完善且相互协调的条件下，才会有效提升核心竞争力，维持科技期刊持续的竞争优势。核心竞争力演化的动力机制构成原理如图 5-5 所示。

科学技术的进步意味着人类知识总量的不断增加，为网络科技期刊提供了源源不断的"原材料"，是其核心竞争力演化的资源基础。与通俗类期刊相比，受众面窄、发行量小可谓科技期刊与生俱来的特点，尤其是近年来国外大型传媒集团的进入，对这一相对固定人群的争夺使科技期刊之间的竞争日趋激烈，这是科技期刊提升其核心竞争力的外在压力。鉴于科技期刊在科技创新活动中的重要地位，国家在经费、税收、补贴等多方面对其进行扶持，为其核心竞争力的演化发展创造了较好的生态环境。

---

❶ 秦霞. 学术期刊影响因子的影响因素研究 [D]. 成都：西南交通大学，2009.

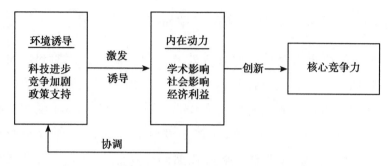

图 5-5　网络科技期刊核心竞争力演化的动力机制

Fig. 5-5　The dynamic mechanism of core competitiveness
evolution for network academic journals

学术性是网络科技期刊存在的理由和价值的体现，学术影响是其核心竞争力最本质的反映，期刊在对相关领域科技活动产生深刻影响的追求中，不断实现核心竞争力的提升与更新。科技期刊的影响早已突破学术共同体的象牙塔而成为先进文化的代表，对经济发展和社会进步产生深刻的推动作用，这应该是科技期刊的最终价值追求。期刊组织作为市场经济中的理性主体，对经济利益的追求无可厚非，但这是建立在学术影响和社会影响的基础上，反过来，良好的经济效益又会促进其学术影响力和社会影响力的提高。总之，网络科技期刊必须通过不断创新，在对学术影响、社会影响和经济利益的追求过程中，不断提升自身的核心竞争力。

5.5.2　网络科技期刊核心竞争力演化中的环境诱导机制

环境诱导机制为期刊发展提供多样性的外部激励和物质、能量、信息交换，诱发其在对学术影响、社会影响乃至经济利益追求的过程中，不断提升自身的核心竞争力。环境诱导机制对期刊核心竞争力的演化主要发挥间接的催化作用，对内部动力机制产生有效的激发功能，归根结底要通过内部动力机制的转化环节才能实现期刊核心竞争力从无到有、由弱变强的演化。

1. 科技进步是核心竞争力提升的拉力

科技期刊的产生和发展源自科学技术进步的需求，网络科技期刊出现本身就是科学发展的需要和结果。科技进步意味着人类知识的增加，这些新知识需要存储、传播和评价，于是就产生了科技期刊，而互联网的出现使这一工作更加方便和廉价，这就是网络科技期刊存在的内在逻辑。历史上第一份学术期刊——《哲学汇刊》本来就是因学术交流之需而产生的。学术期刊创立了一种同行评议的集体抉择体系，对达到期刊要求的原创性论文授予正式刊载出版的荣誉，通过期刊发行广泛传播，确保该知识创新申明的有效性。于是，学者获得的创新知识公之于众，以换取一种荣誉性的"象征资本"（symbolic capital），后者可转化为工作职位以及各种有形酬劳，包括赞助。学者们的知识发现使科技期刊获得了丰富的、高质量的"原材料"，构成网络科技期刊核心竞争力的资源基础。

2. 市场竞争是核心竞争力提升的压力

我国目前有 5 000 多种学术期刊，每年刊发的论文数量约为 140 万篇，但每年专业技术人员因业务考核、职称评聘、岗位聘用、学位授予等产生的发表需求就高达 480 多万篇，巨大的市场需求也使科技期刊面临激烈的竞争。科技期刊参与市场竞争是指以其高品质的学术质量取得读者的认可，在此前提下获得相应的社会效益和经济效益。资源的稀缺性使竞争无处不在，科技期刊要想持续成长，就必须不断地获取资源、整合资源和寻求替代或互补资源，在创新的基础上获得竞争优势。第一，争夺优质稿源，保证期刊质量。期刊为了得到优质稿件，经常采取诸如编辑约稿、编委组稿、有奖征文、优先发表、缩短出版周期、开展学术研讨、开辟专家论坛栏目、提高稿酬等措施来吸引优质稿件。第二，争夺有限读者，扩大社会影响。期刊竞争的本质是受众群体之争，期刊只有被读者接受才能体现其价值，否则就失去了其传播功能。少量核心期刊拥有大量读者的"长尾现象"在期刊界普遍存在，所以，努力成为本学科领域的核心期刊便成为众多科技期刊的追求。第三，争夺优秀人才，促进期刊发展。作为内容产业，期刊间的竞争是质量的竞争，更是人才的竞争。这使那些精通科技期刊编辑出版业务，掌握最新学术信息、了解市场、善于管理的优秀人才成为争夺的焦点。第四，争夺行业广告，提高经济效益。科技期刊具有特定的受众，其广告宣传具有对象明确的特点。因此，许多科技成果的转让和产品推广都采用了科技期刊广告的形式。而广告主对发行量和影响力的挑剔也会刺激期刊核心竞争力的提高。

3. 政策扶持是核心竞争力提升的推力

作为科技活动的"龙头"和"龙尾"，科技期刊的重要性已为人们普遍认同，世界各国政府也纷纷根据自己的国情出台了相应的扶持政策，以助推其核心竞争力的提高。发达国家创办科技期刊一般不以营利为目的，他们对科技期刊一般都采取资助的方式。如十多年前美国"每年用于补贴学术、科技出版物的经费就高达64亿美元之多"，并在税赋方面有一定的优惠或减免。英国、日本等国政府对出版业也都有巨额的资助和免税优惠。❶ 我国对科技期刊在经费、税收、补贴等方面也有相应的优惠政策，这些国家行为对于科技期刊核心竞争力提升起到了很好的助推作用。但是，目前对纯网络科技期刊的认可方面尚有待于提高，很多单位在项目评审、职称评聘、学位授予时并不把此类论文考虑在内。可喜的是，中国科技论文在线经过多年努力，已被国内40多所大学在一定程度上给予认可。

5.5.3 网络科技期刊核心竞争力演化中的内部动力机制

科学技术的进步、竞争的进一步加剧、国家政策的扶持和诱导只是

---

❶ 刘玉梅. 关于学术期刊出版竞争理论研究［J］. 黑龙江交通科技，2010（5）：113-114.

为期刊核心竞争力的演化提供了一种可能性，内部动力机制才是其演化的现实决定性力量。内部动力是由学术影响、社会影响、经济利益三个基本因素构成的有机统一体。其中学术影响是基础，即更高的点击率和更可观的经济效益是以期刊的学术水平为前提，期刊在追求社会效益和经济效益共同实现的目标时，必须立足于提高学术影响力的基础上。三种因素相互影响、相互促进，它们水平的高低就是期刊核心竞争力的指示器。

1. 学术影响

学术影响是期刊核心竞争力最本质的反映，是指在某段时间期刊对其所处学术领域内科技活动影响的范围和深度，是其学术质量和论文数量的协同效应。学术质量反映的是期刊对科技活动的影响深度，常用总被引频次来衡量；期刊所发表论文的数量反映的是期刊对科技活动影响的范围，通常用期刊的来源文献量来表征。还有一些指标，如影响因子、即年指标、他引率、国际论文比、基金论文比等，也都从不同方面反映了总被引频次和来源文献量的学术质量属性。我国很多学术期刊被引情况不容乐观，零引用率论文所占比重平均都在50%以上，有的甚至达70%～80%。在SCI（科学引文索引）发布的2010年度JCR中，我国被收录的学术期刊只有138种，仅占总数8 005种的1.7%，远远落后于美国的2 697种，这138种期刊的平均影响因子和平均总被引用次数分别为0.904和898次，远低于国际总体平均值2.014和4 294。❶ 学术影响的低下就是核心竞争力缺乏的表现。

2. 社会影响

科技期刊的社会影响是其对社会进步和经济发展所产生的影响及效果，这应是科技期刊最终价值的体现。我国《出版管理条例》第4条明确规定："从事出版活动，应当将社会效益放在首位，实现社会效益与经济效益相结合。"科技期刊作为先进文化的重要组成和国家软实力象

---

❶ 张贺. 学术期刊大国的尴尬与梦想［N］. 人民日报，2012-02-17.

征，良好的社会效益才能保证刊物的质量，才能够提高期刊的权威性和影响力，增强刊物的比较优势，从而增强其在同类刊物中的竞争力。如果刊物所刊载论文没有较高的学术价值，读者不会引用，那么核心竞争力也就无从谈起。作为论文作者的学者，总是力图把论文发表在威望最高的科技期刊，以取得附加声誉。同时，作为读者的学者，又总是力图广泛阅读最具影响力的期刊，尽可能详细了解本领域的前沿。作者投稿选择期刊主要依据其声誉和阅读量。

3. 经济利益

早期的学术期刊都是由非营利机构主持的，学术期刊出版从绅士俱乐部变为利润丰厚的产业大约始于 20 世纪 70 年代，出版商开始大量介入该领域，到 2000 年，科学技术医学类期刊的营业额已达 78 亿美元。丰厚的利润使出版商不断并购扩大，增强其核心竞争力。网络时代的高点击率意味着关注度，由此又带来可观的广告收入，使其更有能力创办新期刊，适应新学科分支发展的要求，同时也实现了核心竞争力的不断提升。美国科技信息研究所（ISI）数据库中将近一半的期刊由 Elsevier、Springer、Wiley-Blackwell、Taylor & Francis 和 Sage 五大出版商所提供，这些出版企业良好的经济效益是其学术期刊发展的物质基础，由此可以改善办刊条件，提高稿酬标准，争取更多的优质稿件，也意味着核心竞争力的不断提升。

5.5.4 网络科技期刊核心竞争力生命周期演化的动力机制模型

网络科技期刊核心竞争力生命周期演化是一个动态的连续发生的过程，各动力要素在核心竞争力演化的不同阶段都会发挥作用，但它们在不同的诱导环境下、对于处于不同阶段的核心竞争力的主导和影响程度是不同的。

根据前述对网络科技期刊核心竞争力生命周期演化的动力机制分析，环境因素是通过对内部动力因素的作用而影响核心竞争力的，两者是倍乘关系，笔者构建了由科技进步（ST）、市场竞争（MR）、政策扶持（PO）、学术影响（IN）、社会影响（SO）和经济利益（EC）六个变量共同作用的核心竞争力生命周期演化的动力机制模型如下：

$$C(T_n) = (\alpha_{n1}ST_1 + \alpha_{n2}MR + \alpha_{n3}PO)(\beta_{n1}IN + \beta_{n2}SO + \beta_{n3}EC) + \varepsilon$$

其中，$C(T_n)$ 代表网络科技期刊生命周期不同阶段的核心竞争力，$T_n \in (T_1, T_2, T_3, T_4)$，分别代表网络科技期刊核心竞争力生命周期演化的幼稚期、成长期、成熟期和衰退期四个阶段；$\alpha_{ni} \in [0, 1]$，$\sum \alpha_n = 1$，$i = 1, 2, 3$ 分别为各内部动力因素对因变量的贡献权重；$\beta_{ni} \in [0, 1]$，$\sum \beta_n = 1$，$i = 1, 2, 3$ 分别为各环境诱导因素对因变量的贡献权重。ε 为随机扰动因素，代表一些未被考虑的变量的贡献。

在不同的历史时期，对于不同的网络科技期刊，科技进步、市场竞争、政策扶持、学术影响、社会影响和经济利益等这些核心竞争力影响因素的作用也是不同的，可采用专家打分的方法进行量化，如表 5-1 所示。

表 5-1 网络科技期刊核心竞争力演化影响因素评价表

Tab. 5-1 **Evaluation factors of core competitiveness**

evaluation for network academic journals

环境诱导因素			内部动力因素		
变量	释义	权重	变量	释义	权重
ST（科技进步）	研发经费的投入、科技人力资源	α_1	IN（学术影响）	被引频次、影响因子、他引率	β_1
MR（市场竞争）	科技期刊的种类、每年发文量	α_2	SO（社会影响）	社会认知度、网络下载率、获奖	β_2
PO（政策扶持）	经费补贴、税赋优惠或减免	α_3	EC（经济利益）	营业额、利润、利润增长率	β_3

5.6　本章小结

　　本章对网络期刊核心竞争力的形成机制和演化机理进行系统论述。从核心竞争力的基本概念出发，描述其内在与外在的动力机制，探讨竞争力提升的方法与途径。提出基于系统分析理论的网络科技期刊核心竞争力形成、提升机制及演化机理理论。系统描述网络期刊核心竞争力演化的内部及外部动力因素，探讨提升其核心竞争力的五种途径，并由此研究竞争力的周期性变化特点。需要准确地、不断地审视影响其发展各种外部诱导因素和内部动力因素，保持核心竞争力与培育增长点。

6

网络科技期刊核心竞争力评价

6.1 评价指标体系和指标值

6.1.1 评价指标体系的构建

网络科技期刊的核心竞争力表现在其学术影响、期刊发展和社会影响三个方面，本章从这三个方面入手构建网络科技期刊的核心竞争力评价模型。

1. 学术影响

网络科技期刊的学术影响是指以科技期刊的学术水平、学术特色为根本所体现出来的一种影响力，本章从论文质量、作者水平和收录状态三个方面来评价。

（1）论文质量有以下评价指标：

①期刊被引次数，指期刊所刊载的论文被统计源中来源期刊论文引用的次数。

②期刊影响因子，指期刊在一定的来源期刊范围内及在指定年份中，该期刊前两年论文在这一范围内被引用的数量与该期刊前两年刊载论文数量之比。即：

$$影响因子 = \frac{该刊前两年发表论文在统计当年被引用的总次数}{该刊在统计年的前两年发表论文总数} \times 100\%$$

③即年指数，指期刊所载论文发表的当年被引数量与发文数量之比，即指定期刊所发表的论文在当年的篇均被引率。即：

$$即年指数 = \frac{该刊当年发表的论文在当年被引用的总次数}{该刊统计当年发表论文总数} \times 100\%$$

④载文量，是指某一期刊在一定时期内所刊载的相关学科的论文数量。

⑤被引用半衰期，是确定被引用期刊的年龄基准，显示一份期刊从当前年度向前推算，引用数占截至当前年度被引用期刊的总引用数50%的年数。

⑥国际论文比，是指期刊发表外国作者论文的比例。

⑦基金论文比，是指期刊所刊载的论文中，含有基金资助论文的比例。

⑧h指数，是指一个人至多有h篇论文分别被引用了至少h次。

⑨Web即年下载率，是指期刊在某一期刊全文数据库中当年出版并上网的论文在当年被全文下载的次数与该期刊当年出版并上网论文总数之比。即：

$$Web\,即年下载率 = \frac{该期刊当年出版并上网的论文在当年被下载的次数}{该期刊当年出版并上网的论文总数} \times 100\%$$

（2）作者水平有以下评价指标：

①平均作者数，是指期刊发表的每篇论文的平均作者数量。

②作者地区广度，指期刊所载论文作者的地区分布。

③作者学历和职称，指期刊发表论文的作者的学历和职称情况。

（3）收录状态主要是从期刊发表论文是否被SCI、SSCI和EI收录的角度来评价。

2. 期刊发展

期刊发展主要是指从人力资源角度期刊社的规模以及增长状况。本章从期刊的规模要素、增长因素和效率因素三个方面来评价。

（1）期刊的规模要素包括期刊现有的读者人数、作者人数、专家人数、编辑以及内部工作人员数量、同时在线人数等。

（2）期刊的增长因素主要包括读者、作者、专家等的年增长数量。

（3）期刊的效率因素包括用户年增长速率、用户衰减半衰期等。

3. 社会影响

科技期刊作为一种媒体，能传播学术信息，发表学术研究成果。网络科技期刊的存在依据是其社会价值，它源于科技期刊本身的内在价值功能。本章主要从用户对期刊的认知度、满意度及忠诚度三个方面来评价网络科技期刊的社会影响。

（1）用户对期刊的认知度主要从对期刊品牌认识的广度和深度来评价。

（2）用户对期刊的满意度代表了用户对该期刊品牌的认可程度。本章主要从期刊的服务水平、易用性、交互性来评价。

（3）用户对期刊的忠诚度代表了用户持续登录该期刊网络平台的程度。本章主要从用户访问频率、最近访问时间、平均停留时间和平均浏览页面数来评价。

综上所述，构建网络科技期刊核心竞争力评价指标体系如表 6-1 所示。

表 6-1　网络科技期刊核心竞争力的评价指标体系

Tab. 6-1　The evaluation system of core competitiveness

of network academic journals

目标层	一级指标	二级指标	三级指标
网络科技期刊核心竞争力	学术水平	期刊质量	总被引次数，影响因子，即时指数，发文数，被引半衰期，国际论文比，论文获奖情况，基金论文比，h 指数，Web 即年下载率
		作者水平	平均作者数，作者地区广度，作者学历和职称
		收录状态	是否被 SCI 收录，是否被 EI 收录
	期刊发展	规模要素	读者、作者及专家数量，编辑及相关工作人员数，同时在线人数
		增长因素	读者、作者及专家年增长数量，年投稿数量
		效率因素	用户年增长速率，用户衰减半衰期，网站更新率
	社会影响	认知度	期刊品牌认识广度，期刊品牌认识深度
		满意度	服务水平，易用性，交互性
		忠诚度	用户访问频率，最近访问时间，平均停留时间和平均浏览页面数

6.1.2 指标值的获取

本书中科技期刊核心竞争力的评价指标体系由三层组成。

评价指标的获取方法共分为三种：

一级、二级指标为领域知识，通过专家打分方式获取。按照层次分析法的原理设计打分表，打分表要对打分的原则做必要的解释以帮助专家合理地区分层次。为了增强评价的客观性，该环节应有多个专家打分，最后通过计算平均值，获得每一项的最后得分。

三级指标主要为量化信息，从统计数据获取，如总被引次数、影响因子、是否被 SCI 收录等指标可以借助 SCI、SSCI、JCR 以及我国的引文索引数据库获得或者直接由网站提供。三级指标中的部分主观认知数据，如服务水平、易用性等，通过问卷调查方式获取。综合汇总调查结果，计算各项平均值，获得各指标的最终得分。

6.2 基于模糊集合的网络科技期刊核心竞争力的综合评价

本章采用模糊综合评价模型来评价网络科技期刊的核心竞争力。模糊综合评价是通过构造等级模糊子集把反映被评事物的模糊指标进行量化（即确定隶属度），然后利用模糊变换原理对各指标综合。

6.2.1 确定评价因子集和评价集

选取比较有影响的四种网络科技期刊进行评价，编号分别为 F_1、F_2、F_3、F_4。

指标通过李克特量表方法来确定，借助语义学标度定义，总共分为

4 个等级：很好、良好、中、一般。同时，为了计算上的方便，本章将上述定性评价依次赋值 4、3、2、1 进行量化。本章所设计的评价定量标准见表 6-2。

表 6-2　评价定量分级标准

Tab. 6-2　The criteria of quantitative classification

评语	很好	良好	中	一般
评价值	$x_i > 3.5$	$2.5 < x_i \leqslant 3.5$	$1.5 < x_i \leqslant 2.5$	$x_i \leqslant 1.5$

确定评价目标：$P = \{$网络科技期刊核心竞争力$\}$；

构造评价因子集：$u = \{u_1, u_2, u_3\} = \{$学术水平，期刊发展，社会影响$\}$；

建立评价集：$v = \{v_1, v_2, v_3, v_4\} = \{$很好，良好，中，一般$\}$。

6.2.2　指标权重的确定

指标权重由层次分析法来确定。以第一层 3 个一级指标因子权重为例，构造判断矩阵 $S = (u_{ij})_{p \times p}$，即：

$$S = (u_{ij})_{3 \times 3} = \begin{bmatrix} u_{11} & u_{12} & u_{13} \\ u_{21} & u_{22} & u_{23} \\ u_{31} & u_{32} & u_{33} \end{bmatrix}$$

对判断矩阵进行一致性检验，检验的方法是用随机一致性比率 $CR = CI/RI$ 检验，其中 $CI = (\lambda_{max} - n)/(n - 1)$，$\lambda_{max}$ 为评判矩阵的最大特征值，RI 为平均随机一致性指标。若 $CR < 0.1$，则认为评判矩阵具有满意的一致性，所确定的权重比较合理，否则重新调整。将判断矩阵对应的特征向量归一化后即得到第一层指标的权重向量 $W = (\partial_1, \partial_2, \partial_3)$。同理可以得到二级指标相对于一级指标的权重向量。

现从学术水平、期刊发展、社会影响考虑设定 3 个一级指标以及 9 个二级指标构成评价体系，并确定权重，如表 6-3 所示。

表 6-3　网络科技期刊核心竞争力评价指标及其权重

Tab. 6-3　The evaluation index and weight of core

competitiveness of academic journals

目标层	一级指标	二级指标	权重
网络科技期刊核心竞争力	学术水平　0.5	期刊质量	0.6
		作者水平	0.1
		收录状态	0.3
	期刊发展　0.2	规模要素	0.5
		增长因素	0.3
		效率因素	0.2
	社会影响　0.3	认知度	0.3
		满意度	0.3
		忠诚度	0.4

6.2.3　构造模糊关系矩阵

一旦等级模糊子集构造完成，接下来需要逐个对每个因素 $u_i(i = 1, 2, \cdots, n)$ 进行量化，即确定被评对象与等级模糊子集的隶属度模型 $(R \mid u_i)$，从而构造模糊关系矩阵❶：

$$R = \begin{bmatrix} R \mid u_1 \\ R \mid u_2 \\ \cdots \\ R \mid u_n \end{bmatrix} = \begin{bmatrix} r_{11} & r_{12} & \cdots & r_{1m} \\ r_{21} & r_{22} & \cdots & r_{2m} \\ \cdots & \cdots & \cdots & \cdots \\ r_{n1} & r_{n2} & \cdots & r_{nm} \end{bmatrix}_{n \times m}$$

本章采用专家打分的调查方法确定模糊关系矩阵，汇总各位专家的打分表，得到二级指标的模糊关系矩阵，经过计算得到各期刊一级指标的模糊关系矩阵如表 6-4 所示：

---

❶ 李士勇. 工程模糊数学及应用［M］. 哈尔滨：哈尔滨工业大学出版社，2004.

表6-4　各期刊一级指标模糊关系矩阵

Tab. 6-4　The fuzzy relation matrix of the first level indexes

	F_1				F_2			
	v_1	v_2	v_3	v_4	v_1	v_2	v_3	v_4
u_1	0.43	0.31	0.26	0	0.28	0.35	0.31	0.06
u_2	0.36	0.24	0.27	0.13	0.36	0.25	0.28	0.11
u_3	0.45	0.23	0.24	0.08	0.22	0.29	0.32	0.17
	F_3				F_4			
	v_1	v_2	v_3	v_4	v_1	v_2	v_3	v_4
u_1	0.18	0.32	0.32	0.18	0.21	0.36	0.28	0.15
u_2	0.21	0.23	0.28	0.28	0.16	0.22	0.43	0.19
u_3	0.26	0.42	0.17	0.15	0.37	0.21	0.26	0.16

6.2.4　合成模糊综合评价结果向量

本部分的工作重点是根据特定算子（加权平均模糊合成算子），将 W 与 R 合成，进而计算评价结果向量 B。公式如下：

$$W \cdot R = (\partial_1, \partial_2, \cdots, \partial_p) \cdot \begin{bmatrix} r_{11} & r_{12} & \cdots & r_{1m} \\ r_{21} & r_{22} & \cdots & r_{2m} \\ \cdots & \cdots & \cdots & \cdots \\ r_{p1} & r_{p2} & \cdots & r_{pm} \end{bmatrix} = (b_1, b_2, \cdots, b_m) = B$$

$$b_i = \sum_{i=1}^{p} (\partial_i \cdot r_{ij}) = \min\left(1, \sum_{i=1}^{p} \partial_i \cdot r_{ij}\right), \; j = 1, 2, \cdots, m$$

其中 b_i 是由 W 与 R 的第 j 列运算得到的，它表示被评事物从整体上看对 v_j 等级模糊子集的隶属程度。

式中，b_i，∂_i，r_{ij} 分别为隶属于第 j 等级的隶属度、第 i 个评价指标的权重和第 i 个评价指标隶属于第 j 等级的隶属度。

通过计算得出选取的期刊 F_1、F_2、F_3、F_4 的模糊综合评价结果向量分别为：

$$B_1 = W \cdot R_1 = (0.5,\ 0.2,\ 0.3) \cdot \begin{bmatrix} 0.43 & 0.31 & 0.26 & 0 \\ 0.36 & 0.24 & 0.27 & 0.13 \\ 0.45 & 0.23 & 0.24 & 0.08 \end{bmatrix} =$$

$$(0.422,\ 0.272,\ 0.256,\ 0.05)$$

$$B_2 = W \cdot R_2 = (0.5,\ 0.2,\ 0.3) \cdot \begin{bmatrix} 0.28 & 0.35 & 0.31 & 0.06 \\ 0.36 & 0.25 & 0.28 & 0.11 \\ 0.22 & 0.29 & 0.32 & 0.17 \end{bmatrix} =$$

$$(0.278,\ 0.312,\ 0.307,\ 0.103)$$

$$B_3 = W \cdot R_3 = (0.5,\ 0.2,\ 0.3) \cdot \begin{bmatrix} 0.18 & 0.32 & 0.32 & 0.18 \\ 0.21 & 0.23 & 0.28 & 0.28 \\ 0.26 & 0.42 & 0.17 & 0.15 \end{bmatrix} =$$

$$(0.21,\ 0.332,\ 0.267,\ 0.191)$$

$$B_4 = W \cdot R_4 = (0.5,\ 0.2,\ 0.3) \cdot \begin{bmatrix} 0.21 & 0.36 & 0.28 & 0.15 \\ 0.16 & 0.22 & 0.43 & 0.19 \\ 0.37 & 0.21 & 0.26 & 0.16 \end{bmatrix} =$$

$$(0.248,\ 0.287,\ 0.304,\ 0.161)$$

6.2.5　模糊综合评价结果向量分析

通过计算可得出所选的网络科技期刊 F_1、F_2、F_3、F_4 的核心竞争力分别为：

$$P_1 = v\,\overline{B_1} = (4,\ 3,\ 2,\ 1) \begin{bmatrix} 0.422 \\ 0.272 \\ 0.256 \\ 0.05 \end{bmatrix} = 3.066$$

$$P_2 = v\,\overline{B_2} = (4,\ 3,\ 2,\ 1) \begin{bmatrix} 0.278 \\ 0.312 \\ 0.307 \\ 0.103 \end{bmatrix} = 2.765$$

$$P_3 = v\overline{B_3} = (4, 3, 2, 1)\begin{bmatrix} 0.21 \\ 0.332 \\ 0.267 \\ 0.191 \end{bmatrix} = 2.561$$

$$P_4 = v\overline{B_4} = (4, 3, 2, 1)\begin{bmatrix} 0.248 \\ 0.287 \\ 0.304 \\ 0.161 \end{bmatrix} = 2.622$$

通过上述计算，对照表6-2的评价分级标准可知 F_1、F_2、F_3、F_4 这四种网络科技期刊的核心竞争力评价结果均为"良好"，按照各期刊的核心竞争力的评分等级的大小可以对其进行排序，F_1 期刊的核心竞争力评价结果比其他三种期刊都要高一些。根据需要还可以对不同网络科技期刊在某一（学术水平、期刊发展、社会影响）方面的竞争力进行评价或比较。

6.3　基于 AHP 和 PCA 的网络科技期刊核心竞争力的综合评价

本节提出了一种多指标评价建模方法。该方法采用层次分析法（AHP）进行科技期刊的上层指标的权重确定，而在底层指标的权重确定方面，引入机器学习的方法，先用主成分分析法（PCA）对底层指标进行降维，再采用 Softmax 回归算法对降维后的指标进行权重学习。该方法有效地解决了层次分析法在多指标情况时，出现的方法操作复杂、权重难以确定的问题，综合有效地利用了多指标信息，提高了评价精度。

鉴于科技期刊核心竞争力评价指标体系具有底层指标多、上层指标非定量的特点，故本章提出了基于层次分析法和主成分分析法的多指标评价建模方法。

多指标评价建模方法是指根据指标体系中各影响因素（指标）的作用赋予不同大小的权重，最后用加权等方法将各指标组合成一个综合指标。因此，在多指标评价建模方法中，主要目的是确定各指标值的权重，即量化第 6.2.1 节中构建的指标体系中各层次的权重。常用的确定权重的方法有常权综合法、变权综合法、层次分析法等。这些方法适用于较高层次、抽象的评价，即本章中的一级指标和二级指标的权重确定。对于三级指标中的多变量且变量间高度相关的情况，会造成评价结果差，不能准确反映竞争力的情况。因此，本章采用主成分分析法和 Softmax 回归对三级指标的权重进行确定，一级指标和二级指标的权重则采用层次分析法来评价科技期刊的核心竞争力。评价框架如图 6-1 所示。

6.3.1　三级指标权重确定

在本评价指标体系的三级指标中，存在的主要问题是指标值太多且相互之间具有一定的相关性，容易造成评价结果过拟合，导致结果不能正确评价科技期刊的核心竞争力。因此，本章先采用主成分分析（Principal Component Analysis，PCA）算法对 6.1 中的评价指标体系的三级指标进行降维，然后采用 Softmax 回归方法对降维后的指标进行权重确定。

在 PCA 中，数据从原来的坐标系转换到新的坐标系，新坐标系的选择是由数据本身决定的。第一个新坐标轴选择的方向是原始数据中方差最大的方向，第二个新坐标轴的选择和第一个坐标轴正交且具有最大方差的方向。该过程一直重复，重复次数为原始数据中特征的数目。而大部分方差都包含在最前面的几个新坐标轴中。因此，可以忽略余下的坐标轴，即对数据进行降维处理。

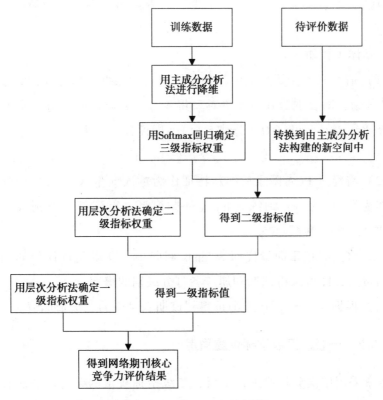

图 6-1 综合评价整体框架

Fig. 6-1 The overall diagram of comprehensive evaluation

其具体步骤如下：

（1）对原始数据进行归一化预处理；

（2）计算归一化之后的数据的协方差矩阵，然后计算该协方差矩阵的特征值和特征向量；

（3）将特征值从大到小排序，并保留最大的 N 个特征值所对应的特征向量；

（4）将原始数据转换到上述 N 个特征向量构建的新空间中。

在对原始数据降维之后，需要确定新空间中的 N 个特征的权重，在本节中，采用 Softmax 回归法进行权重确定。Softmax 回归法是机器学习中的算法，主要用于解决多分类问题，其得到的结果是每一种分类结果的概率。

其具体步骤如下。

（1）请专家就原始数据中的各科技期刊的二级指标打分，一般采用 5 级打分制，即表现最好的评价对象得 5 分，最差的打 1 分（如某期刊的论文质量较好，可打为 4 分或 5 分），即评分向量为：

$$Q = \begin{bmatrix} 1, & 2, & 3, & 4, & 5 \end{bmatrix}^T$$

（2）将经过 PCA 降维后的新特征作为输入向量 X，（1）中的专家打分作为类别标签 y，训练 Softmax 回归模型，得到打分类别权重向量 W1，W2，W3，W4，W5；

（3）将这些权重向量代回 Softmax 回归中，在得到待评价的期刊的输入向量后，即可求得该期刊属于各打分级别的概率 P；

（4）根据式 $V = P^T Q$，即可得到该期刊对应的二级指标值。

6.3.2 一级、二级指标权重确定

本章采用层次分析法进行一级、二级指标权重的确定。层次分析法的基本思想就是将组成复杂问题的多个元素权重的整体判断转变成对这些元素进行"两两比较"，然后再转为对这些元素的整体权重进行排序判断，最后确立各元素的权重。其具体步骤如下：

（1）建立递阶层次的评价指标体系。即 6.1 中的科技期刊核心竞争力的评价指标体系。

（2）构建各层次中判断矩阵。请领域专家对表 6-1 中的同一层次（即一级指标、二级指标）的指标进行两两比较，其比较结果以 1~9 标度法表示，各级标度的含义见表 6-5。

表 6-5 1~9 标度的含义

Tab. 6-5 Meanings of 1-9 mark degree

标度	含　　义
1	两个因素重要性相同
3	前一个因素比后一个因素稍重要
5	前一个因素比后一个因素明显重要
7	前一个因素比后一个因素强烈重要
9	前一个因素比后一个因素极端重要
2, 4, 6, 8	为上述相邻判断的中值

①对于同一层次的 n 个指标，可得到判断矩阵 $A = \{a_{ij}\}$。判断矩阵中的值应满足下列条件：

$$a_{ij} > 0, \ a_{ij} = \frac{1}{a_{ji}}, \ a_{ii} = 1$$

②计算指标权重。求出判断矩阵的最大特征根 λ_{max} 及相应的特征向量 W_0。W_0 即为各指标的权重。

③一致性检验。计算随机一致性比率：

$$CR = \frac{CI}{RI}$$

其中，RI 为平均随机一致性指标，$CI = (\lambda_{max} - n)/(n - 1)$，为一致性指标。若 $CR < 0.1$，则认为判断矩阵具有满意的一致性，所确定的权重较为合理，否则返回步骤 2 重新调整。

6.3.3 模型验证

科技期刊核心竞争力模型由相应的指标体系及其权重系数组成，在确定评价指标体系的基础上，本书在第一层、第二层采用层次分析法确定权重系数。底层指标的权重系数的确定，则先采用层次分析法进行降维，然后通过 Softmax 回归进行权重系数学习。故实际应用部分包括层次分析法实际应用和主成分分析法实际应用两部分。

本部分数据来自中国科学技术信息研究所出版的 2013 年版《中国科技期刊引证报告》（扩刊版）和中国科学评价研究中心与武汉大学图书馆出版的《中国学术期刊评价研究报告（2013~2014）》。

由于不同学科期刊之间不具有可比性，故笔者选取两书中"临床医学"类期刊数据进行分析，共 387 种期刊。

层次分析法中，请相关专家对一层、二层指标进行两两比较后，得到判断矩阵。经过专家分析打分，得到 3 个一级指标的判断矩阵为：

$$A = (a_{ij})_{3 \times 3} = \begin{bmatrix} a_{11} & a_{12} & a_{13} \\ a_{21} & a_{22} & a_{23} \\ a_{31} & a_{32} & a_{33} \end{bmatrix} = \begin{bmatrix} 1 & 5 & 3 \\ 1/5 & 1 & 1/3 \\ 1/3 & 3 & 1 \end{bmatrix}$$

由上可以看出，在评价科技期刊核心竞争力的三个一级指标中，学术水平对其影响最大，社会影响次之，期刊发展较弱。

求出上矩阵的最大特征根及相应的特征向量为：

$$\lambda_{max} = 3.038\ 5$$

$$W_0 = [0.916\ 1,\ 0.150\ 6,\ 0.371\ 5]^T$$

经计算，可得：

$$CI = \frac{\lambda_{max} - n}{n - 1} = \frac{3.038\ 5 - 3}{3 - 1} = 0.019\ 25$$

经查表知，当 $n = 3$ 时，$RI = 0.58$，得到如下结论：

$$CR = \frac{CI}{RI} = \frac{0.019\ 25}{0.58} = 0.033 < 0.1$$

故判断矩阵通过一致性检验。

对特征向量进行归一化处理，即可得到一级指标的权重向量为：

$$W = [0.637\ 0,\ 0.104\ 7,\ 0.258\ 3]^T$$

同理可以得到二级指标相对于一级指标的权重向量。具体结果见表 6-6。

表 6-6 评价指标及其权重

Tab. 6-6 The evaluation index and weight

目标层	一级指标	二级指标	权重
科技期刊核心竞争力	学术影响 0.64	论文质量	0.58
		作者水平	0.16
		收录状态	0.26
	期刊发展 0.10	规模要素	0.53
		增长因素	0.32
		效率因素	0.15
	社会影响 0.26	认知度	0.25
		满意度	0.45
		忠诚度	0.30

在《中国科技期刊引证报告》中，共给出了 17 项期刊的评价指标数据，对 387 种期刊的数据进行主成分分析，可得出这些数据所对应的贡献率和累积贡献率如表 6-7 所示。

表 6-7 各主成分贡献率及累计贡献率

Tab. 6-7 The contribution rate and the cumulative

contribution rate of principal component

主成分	特征值	贡献率（%）	累计贡献率（%）
1	1.04e+07	93.3	93.3
2	7.28e+05	6.53	99.83
3	1.29e+04	0.12	99.95
4	4.41e+03	0.04	99.99
…	…	…	…
17	4.68e-03	4.19e-08	100

对降维后的数据通过 Softmax 回归进行学习，得到降维后的特征权重向量。其中，评价等级采用《中国学术期刊评价研究报告（2013～

2014）》中的数据。

对387个样本进行交叉验证可得，主成分个数与评价准确率如图6-2所示。

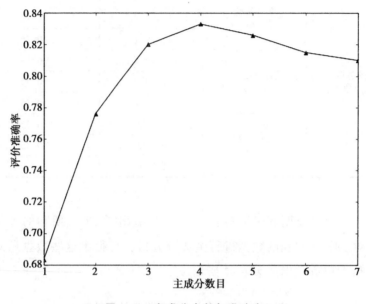

图6-2 主成分个数与准确率

Fig. 6-2 The number of principal components and accuracy

由图6-2可以得出，当选择前四个主成分为Softmax回归的特征时，评价准确率最高，为83.5%。

若采用层次分析法对三层指标进行权重确定，由于原始评价指标数据为17维，采用层次分析法进行权重确定时，构造的判断矩阵即使多次校正，仍然不能通过一致性检验。因此，在降低评价准确率的情况下，对主要指标进行期刊评价，若选取四个特征运用层次分析法，评价准确率仅为76.6%。由此可见，采用PCA与Softmax回归相结合的权重确定方法的评价效果更好。

在本例中，继续增加特征个数，则评价准确率反而降低，主要是因为样本中存在噪声数据，若特征数目过多，Softmax回归模型对样本中的噪声也进行了学习，对样本形成过拟合。

　　评价准确率无法再提高的主要原因是：一方面，在样本的评价等级确定上，存在人为因素影响，部分样本评价等级与评价指标值相悖，影响 Softmax 回归模型的学习过程以及评价结果；另一方面，Softmax 回归属于线性回归模型，无法有效地学习到评价指标与评价等级之间的非线性关系。因此，实际应用本方法时，如果让多位专家对期刊评价等级以及评价指标值进行校正，可继续提高评价准确率。

6.4　本章小结

　　本章首先围绕内部动力机制提取指标体系和指标值，分析了各项质量控制指标的影响力及其在网络科技期刊中的应用思路。其次构建了基于模糊矩阵与 PCA 算法的网络期刊核心竞争力的评价模型，分别将层次分析法与模糊综合评价模型和主成分分析法相结合，提出了多因素联合评价模型。

参考文献

［1］ 鄢睿. 网络学术期刊传播模式研究［D］. 武汉: 武汉理工大学, 2007.

［2］ 牛根义, 杜明. 开放存取的兴起与发展［J］. 河南图书馆学刊, 2008（6）: 15-17.

［3］ 李斌, 刘加平, 白茂瑞. 我国科技期刊的历史发展、社会功能及其评价［J］. 西安建筑科技大学学报（自然科学版）, 2003（2）: 131-135.

［4］ 陈子毅, 杨霰霜, 张宏翔. Nature 出版模式［J］. 图书情报工作, 2006（3）: 75-80.

［5］ 李彦, 王秀峰.《Nature》出版集团简介［J］. 中国科技期刊研究, 2003（2）: 231-232.

［6］ 吴志祥, 苏新宁. 国际顶级学术期刊《Nature》的发展轨迹及启示［J］. 图书与情报, 2015（1）: 27-37.

［7］《科学通报》投稿指南［J］. 科学通报, 2015（1）: 109-113.

［8］ 科学网. 科学家提出期刊评价新标准［J］. 广西科学, 2008（2）: 104-104.

［9］ Ugolini D, Casilli C. The visibility of Italian journals［J］. Scientometrics, 2003, 56（3）: 345-355.

［10］ Antonio Fernández - Cano A, ángel B. Multivariate evaluation of Spanish educational research journals［J］. Scientometrics, 2002, 55（1）: 87.

［11］ Glänzel W, Moed H. Journal impact measures in bibliometric research［J］. Scientometrics, 2002, 53（2）: 171-193.

［12］ Nisonger T. The relationship between international editorial board composition and citation measures in political science, business, and genetics journals［J］. Scientometrics, 2002, 54（2）: 257-268.

［13］ 黄国彬, 孟连生. 1989~2005 年中国期刊评价发展述评［J］. 数

字图书馆论坛，2007（3）：13-24.

[14] 潘云涛. 中国科技期刊评价研究 [J]. 数字图书馆论坛，2007（3）：42-46.

[15] 吴照云. 关于中国学术期刊核心竞争力的思考 [J]. 西南农业大学学报（社会科学版），2006（4）：216-218.

[16] 刘景慧. 论中国期刊核心竞争力的建构 [J]. 怀化学院学报（社会科学），2003（6）：134-137.

[17] 古四毛. 教育期刊核心竞争力构建要点 [J]. 中国出版，2008（2）：38-39.

[18] 张伯海. 期刊的核心竞争力 [N]. 光明日报，2004-12-23.

[19] 伏春兰. 人文社科期刊核心竞争力解读 [J]. 吉林省经济管理干部学院学报，2008（6）：73-76.

[20] 姜明生. 提高期刊核心竞争力的几点思考 [J]. 中国出版，2008（5）：41-44.

[21] 张西山. 学术期刊提升核心竞争力的必然选择 [J]. 编辑之友，2004（3）：53-55.

[22] 于华东. 略论学术期刊的评比与核心竞争力 [J]. 江西财经大学学报，2005（5）：117-120.

[23] 张音，周金龙. 学术期刊核心竞争力概念解析 [J]. 图书情报工作，2008（1）：52-55.

[24] 雷声远. 论期刊的核心竞争力 [J]. 编辑学刊，2005（4）：12-15.

[25] 周杰，张琦. 学术期刊发展的不竭动力——提升核心竞争力 [J]. 山东教育学院学报，2005（4）：109-111.

[26] 周祖德. 学报的核心竞争力与综合竞争力——兼谈进入核心期刊的路径 [J]. 重庆工商大学学报（社会科学版），2008（4）：144-150.

［27］金华宝．学术期刊核心竞争力研究综述［J］．探求，2009（4）：71-76．

［28］赵茜．科技期刊核心竞争力研究综述与分析［J］．中国出版，2011（12）：39-41．

［29］张玢，杜建，王敏，等．评价学术影响力的引证分析指标研究综述［J］．医学信息学杂志，2010（12）：41-46，88．

［30］国内三大学术期刊评价体系与人文社科类刊物［J］．财经政法资讯，2006（3）：65-66．

［31］侯敬，胡建明．论铁路科技期刊的核心竞争力［J］．编辑学报，2008（6）：531-533．

［32］赵瑞．期刊的核心竞争力浅议［J］．新闻传播，2008（8）：59．

［33］俞志华．论精品科技期刊核心竞争力的构成和提升［J］．编辑学报，2005（5）：321-323．

［34］谭金蓉．论培育高校学报的核心竞争力［J］．西南民族大学学报（人文社科版），2005（11）：260-263．

［35］陈景云．培育期刊核心竞争力［J］．出版发行研究，2005（6）：68-70．

［36］赵今明．论提升学术性科技期刊核心竞争力［J］．安徽农业科学，2006（12）：2919-2920，2928．

［37］张千楚．网络出版的电子期刊质量影响因素及其实证研究［D］．长春：东北师范大学，2014．

［38］周金娉．我国网络发表科技论文的学术影响力评价研究［D］．长春：吉林大学，2010．

［39］徐玲英．我国科技期刊可以向IEEE学习的办刊策略［J］．出版发行研究，2015（9）：58-61．

［40］IEEE Xplore Digital Library［EB/OL］．http：//ieeexplore. ieee. org/ xpl/aboutUs. jsp．

［41］万锦堃，花平寰，杜剑，等．关注科学评价发展前沿实践文献计量指标创新——《中国学术期刊综合引证报告》采用的三种文献计量新指标［J］．数字图书馆论坛，2007（3）：36-41.

［42］Fein C. Multidimensional Journal Evaluation of PLOS ONE［J］. Libri，2013，63（4）：259-271.

［43］Chasalevris A，Sfyris D. Evaluation of the finite journal bearing characteristics，using the exact analytical solution of the Reynolds equation［J］. Tribology International，2013，57（4）：216-234.

［44］Donato H. Understanding Journal Evaluation and Strategies to Increase Impact［J］. Revista Portuguesa De Pneumologia，2016，22（2）：67.

［45］Ma Tingca；Wang Gui-Fang；Dong Ke. The Journal's Integrated Impact Index：a new indicator for journal evaluation［J］. SCIENTO-METRICS，2016，90（2）：649-658.

［46］Thelwall M. Journal impact evaluation：a webometric perspective［J］. Scientometrics，2012，92（2）：429-441.

［47］Lu Kun；Ajiferuke Isola；Wolfram Dietmar. Extending citer analysis to journal impact evaluation［J］. SCIENTOMETRICS，2014，100（1）：245-260.

［48］Chen Xiaotian；Olijhoek Tom. Measuring the Degrees of Openness of Scholarly Journals with the Open Access Spectrum（OAS）Evaluation Tool［J］. SERIALS REVIEW，2016，42（2）：108-115.

［49］Moisil I. Renew or Cancel? Applying a Model for Objective Journal Evaluation［J］. Serials Review，2015，41（3）：160-164.

［50］Pyo S，Lee W，Lee J. A Novel Journal Evaluation Metric that Adjusts the Impact Factors across Different Subject Categories［J］. Industrial Engineering & Management Systems，2016，15（1）：99-109.

［51］ Gai Shuang-Shuang；Liu Xue-Li；Zhang Shi-Le. Comparing 'papers cited rates' with other measures for science journal evaluation ［J］. LEARNED PUBLISHING，2014，27（4）：283-290.

［52］ Holmström J. The Return on Investment of Electronic Journals—It Is a Matter of Time ［J］. D-Lib Magazine，2004，10（4）.

［53］ 史小丽. 电子出版物质量评价初探 ［J］. 编辑学刊，2000（6）：23-24.

［54］ 金勇，张文敏. 网络科技论文质量评价研究 ［J］. 现代商贸工业，2009（2）：30-31.

［55］ 薛晓芳，陈锐，何玮. 纯网络期刊评价指标、工具及其体系构建 ［J］. 中华医学图书情报杂志，2011（4）：16-19，35.

［56］ 严海兵，卞福荃. 电子学术期刊的评价研究 ［J］. 情报杂志，2008（7）：100-102.

［57］ 赵乃瑄. 电子期刊评价与利用统计研究 ［J］. 情报杂志，2006（7）：125-127.

［58］ 张红芹，黄水清. 期刊质量评价指标研究综述 ［J］. 图书馆理论与实践，2008（3）：20-23.

［59］ 梅海燕. 网络电子期刊的评价 ［J］. 情报杂志，2004（5）：13-15.

［60］ 秦金聚. 纯网络电子期刊质量评价研究 ［J］. 情报探索，2007（8）：13-16.

［61］ 李晓静. 基于模糊决策理论的网络电子期刊综合评价体系的研究 ［J］. 现代情报，2011（9）：47-50.

［62］ 孙跃鑫，张全. 基于网络出版的电子期刊的客观评价研究 ［J］. 现代情报，2013（1）：145-146，150.

［63］ 陈晓琴. 纯网络电子期刊的评价——以 D-Lib 杂志为例 ［J］. 赣南师范学院学报，2012（1）：61-64.

［64］ 张赟，幸娅. 国内外纯网络电子期刊的比较分析［J］. 图书馆学刊，2011（1）：133-136.

［65］ 吴丹，邱瑾. 国外协同信息检索行为研究述评［J］. 中国图书馆学报，2012（6）：100-110.

［66］ 吴敬敏. 浅谈电子期刊资源评价［J］. 产业与科技论坛，2008（3）：145-146.

［67］ 黄晓薇. 网络学术期刊出版研究［D］. 武汉：华中科技大学，2006.

［68］ 张玉，苏磊，葛建平，等. 关于科技期刊开放存取的几点认识与思考［J］. 编辑学报，2015（S1）：11-12.

［69］ 崔丽芬. 社会因素对于学术期刊出版模式的影响——向电子期刊转变过程中的问题讨论［J］. 图书情报工作网刊，2012（2）：40-54.

［70］ Berners-Lee T, Hendler J. Publishing on the semantic web［J］. Nature, 2001, 410（6832）：1023.

［71］ 刘远颖，刘培一. 论学术期刊核心竞争力的提升［J］. 中国科技期刊研究，2007（2）：191-194.

［72］ 李栓科. 编辑创新，期刊核心竞争力的源泉——《中国国家地理》杂志的探索［J］. 出版发行研究，2007（10）：19-22.

［73］ 姜明生. 提高期刊核心竞争力的几点思考［J］. 中国出版，2008（5）：41-44.

［74］ 公晓红，冯广京. 我国期刊核心竞争力研究评述［J］. 中国科技期刊研究，2006（2）：182-188.

［75］ Mc Cabe M J. Journal pricing and mergers：a portfolio approach［J］. American Economic Review, 2002, 92（1）：259-269.

［76］ 刘辉. 开放获取期刊数据库的评价［J］. 大学图书馆学报，2007（1）：59-63.

［77］ 陈蔚丽，陈如好．国内外三大开放存取期刊资源整合平台的比较分析［J］．图书馆学研究，2013（1）：64-67．

［78］ 匡登辉．PLoS 开放存取期刊网络平台知识服务研究［J］．中国科技期刊研究，2016（1）：72-78．

［79］ 王丽萍，李立，杨俐敏，等．浅析我国开放存取期刊发展缓慢的原因［J］．传播与版权，2015（1）：47-48，52．

［80］ 初景利．开放获取的发展与推动因素［J］．图书馆论坛，2006（6）：238-242．

［81］ 牛晓宏，马海群．开放存取的国家宏观政策体系建设研究［J］．出版发行研究，2008（4）：54-57．

［82］ 付晚花，肖冬梅．美国 NIH 公共获取政策及对我们的启示［J］．图书馆杂志，2008（10）：59-62．

［83］ 沈东婧，王斌，江晓波．美国国立卫生研究院（NIH）公共获取案例解析及启示［J］．图书情报工作，2009（S1）：123-125，107．

［84］ 袁红梅，乔冬梅．开放存取：英国 FAIR 计划的实践与启示［J］．图书情报知识，2007（4）：92-96．

［85］ 孟激，刘智渊．英国研究理事会绩效管理与评估［J］．中国科学基金，2009（4）：247-252．

［86］ 张换兆，许建生．英国研究理事会的特点分析及其对我国科技计划改革的启示［J］．全球科技经济瞭望，2014（11）：66-71．

［87］ 何琳，刘芃．国内开放存取研究述评［J］．现代情报，2007（4）：20-22．

［88］ 曲丽丽，徐拥军，孙静，等．国内开放存取研究述评［J］．档案学通讯，2010（4）：7-10．

［89］ 李武．开放存取出版的两种主要实现途径［J］．大学图书馆学报，2005（4）：58-63．

［90］蔺梦华．基于 OA 的开放仓储库［J］. 情报资料工作，2005（6）：
62-64，84.

［91］郦纯宁．创建大学毕业论文 OA 仓储库的探索［J］. 农业图书情
报学刊，2012（12）：142-145，158.

［92］王兰敬．OA 仓储出版模式研究［J］. 图书馆学刊，2008（2）：
29-31.

［93］邵晶．绿色 OA 仓储的"存档"与"开放"策略研究［J］. 图书
情报工作，2008（11）：78-80，142.

［94］唐华旺．信息交流方式——电子预印本介绍［J］. 情报资料工作，
2005（4）：31-33，30.

［95］赵莉莉．国内两大开放存取系统的对比研究——奇迹文库和中国
预印本服务系统［J］. 现代情报，2007（9）：48-50.

［96］张丽．国内预印本系统比较研究［J］. 中国图书馆学报，2006
（4）：83-86.

［97］刘文勇．"中国科技论文在线"传播特点及发展策略研究［D］.
保定：河北大学，2011.

［98］曹玉霞．开放存取：21 世纪学术信息传播的新模式［D］. 杭州：
浙江大学，2008.

［99］中国科技论文在线．http：//www. paper. edu. cn/.

［100］中国预印本服务系统．http：//prep. istic. ac. cn.

［101］汤磊，唐国瑶，陈晓明，等．在学生评教中的研究生调查问卷表
设计思路和研究方法［J］. 西北医学教育，2003（4）：
263-265.

［102］魏晓萍，杨思洛．基于 CNKI 的期刊网络学术影响力研究［J］.
情报科学，2010（5）：747-750.

［103］李超．国内期刊评价及其方法研究的进展与实践［J］. 情报科
学，2012（8）：1232-1237.

［104］秦霞．学术期刊影响因子的影响因素研究［D］．成都：西南交通大学，2009.

［105］贾文艺，张建华．"互联网+"与商业模式创新研究［J］．商业经济研究，2015（36）：6-7.

［106］唐剑，杨汉兵．企业竞争力演化的动力机制及路径分析［J］．贵州社会科学，2012（3）：80-83.

［107］刘玉梅．关于学术期刊出版竞争理论研究［J］．黑龙江交通科技，2010（5）：113-114.

［108］张贺．学术期刊大国的尴尬与梦想［N］．人民日报，2012-02-17.

［109］李士勇．工程模糊数学及应用［M］．哈尔滨：哈尔滨工业大学出版社，2004.

附　　录

全国部属高校开放存取环境及发展潜力调查问卷

尊敬的先生/女士：您好！我们目前正在做一项关于开放存取出版模式的调查。请您抽出宝贵时间客观回答以下各个问题，非常感谢您的支持！

一、个人基本情况

编号：（系统自动生成）

姓名：（自由填写）

性别：男/女

年龄：20～25/26～30/30～35/36～40/40～45/46～50/50～55/56～60/60 岁以上

最高学历：大专/大学本科/硕士研究生/博士研究生

技术职称：初级以下或未曾评定（如绝大部分学生）

初级职称

中级职称

副高级职称

正高级职称

管理职务：主任/院长/校长/所长/处长/其他管理职务

目前职业：教师/学生

工作（或学习）单位：大专院校/科研院所/医院/其他

从事（或学习）的专业：农业/文学艺术/生命科学/化学与化工/地球科学/管理科学/计算机科学、信息技术/工程技术/数学/环境科学/经济、商业/材料科学/神经科学/物理学、天文学/医学、卫生学/免疫学/药学/社会科学/其他发表论文情况：

　　过去 3 年中发表文章篇数：

　　迄今发表文章总篇数：

书写论文使用的第一语言：中文/英文/其他文字

使用网络情况：工作和休闲大部分时间上网/工作时间上网/部分工作和休闲时间上网/仅休闲时间上网/偶尔上网/几乎不上网

有无个人网页：有/正在建/将来打算建/无

联系方式：　　　　　手机：

二、调查问卷

第一部分　科研情况调查

1. 您从事科研的总时间？

0~5 年

5~10 年

10~15 年

15~20 年

更多

2. 您科研工作的性质？

理论为主

应用为主

理论和应用同等重要

3. 您是否主持过项目？

是

否

4. 项目来源？

国家自然科学基金

863

973

省市自然科学基金

国防科工委

其他

5. 所主持项目的性质？

国家机密，必须保密

部分内容涉密

全部公开

6. 所主持过的项目经费总额是多少？

0~50 万元

50 万~100 万元

100 万~300 万元

300 万~1 000 万元

1 000 万元以上

第二部分　论文发表及获取情况调查

7. 请对以下您可能获取学术资料的来源进行排序

（1）传统期刊

（2）付费数据库

（3）免费数据库

（4）同作者联系获取

（5）网络广泛搜索

（6）作者主页

其他＿＿＿＿＿＿＿（如果有多个，请一一列出）

8. 您是否订阅或购买过中文学术杂志？

是

否，但想过

从没想过

9. 您认为中文学术杂志的价格如何？

非常高

偏高

合理

偏低

很低

10. 您是否订阅或购买过外文学术杂志？

是

否，但想过

从没想过

11. 您认为外文学术杂志的价格如何？

非常高

偏高

合理

偏低

很低

12. 您认为发表论文重要性如何？

科研必须成果

很重要

重要

一般

无所谓

13. 请您对下列影响文章发表的一些因素按照从重到轻的顺序进行排序：

（1）期刊在业界的影响

（2）期刊的影响因子

（3）论文的发表速度

（4）期刊的检索范围

（5）期刊的语言

（6）论文发表费用

（7）期刊编委

（8）投稿传统或习惯

14. 请您对以下论文写作的因素按影响大小排序：

（1）科学研究必备程序

（2）知识产权的维护

（3）考核的要求

（4）个人成就的体现

（5）科研成果必备形式

15. 曾在以下网络媒体发表过作品吗？

	是，经常	是，偶尔	否，但将来可能会	否，我不打算这样做
网络期刊				
中国科技论文在线				
本单位网络知识库				
个人网页				
其他网络媒体	（转 16）		（转 17）	

16. 请列出其他网络媒体名称

_____

17. 发表的什么类型作品？（多选）

论文原稿

已经被期刊通知录用的论文

已经发表过的论文

已经出版的会议论文

未发表过的学位论文

研究阶段报告

计算机软件成果

其他创作作品（摄影、音像制品等）

其他

18. 您共发表文章情况

（篇）

	中文	国内核心	外文	国外期刊	总计
1~10					
11~20					
21~30					
31~40					
40~60					
60 以上					

第三部分　开放存取知识调查

19. 您所在专业，网上的免费资料情况

	非常多	多	不多	很少	没有
论文					
免费数据库					
源码					
技术报告					

20. 您认为目前哪些是获取学术文献的障碍？

	印刷文献	电子文献	中文文献	英文文献
收费太贵				

	印刷文献	电子文献	中文文献	英文文献
文章太多，难以查到真正有价值的文章				
缺乏有效的查阅文章技术和途径				
外语使用有困难，查找慢				
其他＿＿＿＿＿＿＿				

21. 您是否知道开放存取（Open Access，OA）出版模式？

非常熟知	
知道一些	
略知一二	（转 23）
不知道	（转第四部分）

22. 从何种渠道了解了 OA？

从事 OA 工作

论文

网络

从同事或别人出处听说

其他（如果有多个，请一一列出）

23. 您是否知道开放存取的如下特点？

	知道	不知道
作者需要支付高额出版费？		
读者可免费获取资料		
读者必须保证作品完整性		
作者享有版权		

第四部分 开放存取态度调查

24. 您认为论文的版权重要性如何？

很重要

重要

一般

无所谓

25. 您知道传统期刊发表过程中，版权出让的事情吗？

很清楚，必需程序

知道，因为要签协议

不知道

26. 开放存取期刊如下哪些特点会影响您向其投稿？

	非常重要	比较重要	一般	不重要
刊物的声誉或级别				
刊物的影响因子				
出版周期				
刊物被文摘收录情况				
在线投稿				
容易被录用				
不收发表费				
本单位激励机制				
本单位考核要求				

27. 认为 OA 这种出版模式需要作者支付的费用在哪个范围内能为您所接受？

同档次期刊版面费的 4 倍

同档次期刊版面费的 3 倍

同档次期刊版面费的 2 倍

同档次期刊的版面费

应低于同档次期刊的版面费

28. 如果 OA 期刊在各种考核与激励体系下被承认，您会

投往 OA 期刊，相比出版费而言，更看重版权

投往 OA 期刊，价格合理，拥有版权最好

投往 OA 期刊，价格合理，版权无所谓

投往传统期刊，投稿习惯

投往传统期刊，心理习惯

29. 对于以下说法您是否赞同？

	完全赞同	比较赞同	不置可否	反　对	不知道
中国的研究成果应该首先在国内交流共享					
中国研究成果应该首先在国外发表、国际交流					
引用率是文章学术价值的最好指标					
下载率是文章学术价值的最好指标					
是否发表在核心期刊是学术价值的最好指标					
是否发表在被 SCI 等国际机构收录的期刊是学术价值的最好指标					

30. 您认为学术文章的开放存取发表，应该由谁来支付发表费用？支付多少？

	全额负担	负担大部分	负担小部分	不负担	不知道
作者本人					
作者单位					
个体读者					
图书馆					
企业					

续表

	全额负担	负担大部分	负担小部分	不负担	不知道
科研资助机构					
政府部门					
学会组织					

后　记

科技期刊是一个国家学术积累和学术创新的基础，从某种程度上可以把它视为国家科技发展水平的指示器。科技期刊通过对知识成果的共同创造、充分选择、有序存储、高效传播以及学术评价来体现自身的价值。准确理解网络科技期刊的核心竞争力、深刻把握其演化规律，无疑对繁荣和发展我国学术事业，促进创新型国家建设具有重要意义。

随着信息技术的迅猛发展，信息共享模式、出版方式、版权管理方法等受到很大的冲击，对科技期刊出版来说，最明显的就是开放存取模式的出现。与传统出版模式相比，开放存取方式全程运行在网络平台上，出版过程简单，成果评价透明、及时，符合信息快速传播与共享的发展趋势。

根据科技发展的趋势，可以预测网络科技期刊将是今后科技论文发表的主要途径。但是，出版的流程与程序会随着技术的改变而改变，如互联网向物联网的转变，扁平的文件模式会向多维的信息模式转变。无论是网络科技期刊平台还是开放存储系统都会有不同程度、不同内容的约束和动态变化。因此，需要抽取共性的变化特征，深入研究通用理论。本书针对网络条件下科技期刊核心竞争力培育的关键问题进行综合系统的论述，提出一些探讨性的建议。

在本书撰写过程中，笔者发现科技期刊的网络化发展程度与学科相关性很强，部分学科（如计算机、控制、生命科学、生物信息等）网络科技期刊数量很大，开放存储资源也很丰富，发展非常迅速，部分期刊甚至使开放存储库得到很大程度的认可。但是，部分学科研究面较窄，范围较小，一部分学科在我国少有开展网络科技期刊出版或开放存取实践。这两种情况下的期刊核心竞争力变量、因素等都不同，使用同一个模型进行分析会带来不准确的结果。因此，在后续的研究中，需要按照学科详细分类，区别对待。

总之，本书涉及的内容具有一定的前瞻性与复杂性，今后，需要通过理论研究与系统实践，不断地发展并完善以网络为平台的科技期刊出版模式核心竞争力培育研究。笔者也将充分结合自身工作中的科技论文网络发表平台构建情况，继续研究适合我国国情的网络科技期刊核心竞争力培育理论和方法。